해커의 언어

파이썬 3 입문

해커의 언어

파이썬 3 입문

보안 분야에 가장 필요한 파이썬 3 문법 체계

오동진 지음

i!i
에이콘

저자를 안 지도 10년 가까이 됐다. 저자는 강의를 하고 나는 수업을 듣던 관계에서 이제는 가끔 만나 소주 한 잔 기울이며 이런저런 얘기를 나누는 친근한 사이가 됐다. 얘기 주제는 즐거운 소식이나 역사 이야기 아니면 하소연 등등.

저자와 만나 얘기를 나누다 보면 저자 특유의 표정이 있다. 본인이 굉장히 관심을 가지거나 중요시하는 부분에 대한 얘기가 나올 때는 그 말투나 눈빛이 사뭇 매서워진다는 것이다. 처음에는 잘 몰랐지만 몇 번 만나다가 그 특성을 알고 난 뒤에는 그러한 말투나 눈빛이 나올 때 나도 관심을 더 기울이고 경청하게 된다.

파이썬 얘기를 나눴을 때 저자의 표정 역시 그러했다. 이 책을 저술하기 전인 2015년경 저자에게 컴퓨터 프로그래밍 언어를 배워보기 위해 물은 적이 있다(예전에 잠시 공부하긴 했지만 난 컴퓨터는 전반적으로 초보 수준이다). 당시 C 언어를 공부하겠다고 질문을 했는데 돌아온 답변은 "파이썬 언어를 해보는 것이 어떠냐?"는 권유였다. 그리고 파이썬에 대해서 장점과 단점을 구체적으로 말해 주는데 그 표정이나 말투에서 파이썬 언어에 대한 애착을 느꼈다.

또 한 가지. 이번 원고를 받아 내용을 보다 보니 저자의 평소 어투와 비슷하다는 느낌도 받았다. "착오가 없길 바란다."는 등 편하게 대화하듯 쓰여진 문구를 보니 읽는 독자에게 하나라도 더 알려주기 위한 노력도 살짝 엿보인다.

전산 지식은 미천하기 때문에 책의 수준이니 내용의 충실함 등을 언급하는 것이 망설여진다. 하지만 평소 파이썬에 대한 저자의 애착이나 책 전반에 써져 있는 저자의 문구 표현 방법을 볼 때 이 책 한 권을 쓰기 위해 엄청난 정성을 들였음을 확신한다.

서울 종로 경찰서 생활 안전과 경정 이상현

이 책은 언어에 관한 책이다.

언어가 없는 삶을 상상할 수 있을까? 일상생활의 간단한 욕구부터 어렵고 복잡한 형이상학적 내용에 이르기까지 모든 것을 언어라는 도구를 통해 표현하고 이해한다.

파이썬도 인간의 의사 표현을 컴퓨터가 이해할 수 있게 만드는 언어의 한 종류다. 컴퓨터와 인간 사이에 수많은 언어가 있겠지만 이 책에서 다루는 파이썬은 초보자들에게는 접근하기 쉽고 전문가들에게는 편하고 즐거운 언어이다.

컴퓨터 언어를 모르는 사람에게 있어서 컴퓨터는 한낱 고철에 불과하다. 하지만 컴퓨터를 고철로 여기는 사람(본인 포함)도 이 책을 읽다 보면 즐겁게 파이썬을 배울 수 있을 것이라 생각한다. 이 책에서 파이썬 자체의 특성(직관성과 쉬운 문법)과 저자의 간결한 문체가 잘 조화됐기 때문이다.

이 책은 강의 교재로도 사용 가능할 정도로 편제가 치밀하게 구성돼 있다. 또한 백화점식 예제 나열을 지양하고 가장 필수적인 문법 체계에 초점을 두어 집필했기 때문에 지루하지 않게 배울 수 있고 바로 실전에 접목할 수 있을 것이다.

긴 겨울이 지나고 봄이 다가오고 있다. 마냥 춥기만 한 바람 속에서 어느덧 봄의 향기가 느껴진다. "겨울은 결코 영원히 지속되지 않는다. 그리고 봄이 순서를 건너뛰는 법도 결코 없다."는 미국의 소설가 할 볼란드의 말이다. 처음엔 파이썬이 생소하더라도 스스로 계획을 세워 조금씩이라도 매일 꾸준히 이 책을 읽다 보면 큰 어려움 없이 어느새 실력이 부쩍 늘어있는 자신을 발견할 것이다.

모의 침투 연구회 회원 주성환

파이썬은 최근 가장 인기 있는 언어다. 간단하면서도 강력한 프로그래밍 언어의 대명사인 만큼 가볍고 가독성이 좋으며 다양한 라이브러리로 구성돼 있어 프로그래밍 입문자에게 많이 추천되는 언어이다. 코드 경진 대회 서비스를 제공하는 코드이벨은 2016년 프로그래밍 인기 순위에서 파이썬을 1위로 꼽았을 정도다. 대형 글로벌 기업부터 스타트업까지 다양하게 활용되고 있는 파이썬이 인기가 높은 이유는 초보자 또는 숙련자를 가리지 않는 언어이기 때문일 것이다. 초보자에게는 쉬운 접근성을 가지고 있으며 숙련자에게는 뛰어난 확장성으로 강력한 기능을 제공한다. 또한 보안과 접목돼 그 강력함을 최대치로 끌어올리고 있다. 대부분의 보안 관련 도구들 역시 파이썬으로 작성됐거나 파이썬 스크립트 형태의 모듈로 구성돼 있다.

본인 역시 정보 보안 분야에 큰 애정을 가지고 있는 사람 중 하나지만, 새로운 언어 습득에 대해 막연한 부담감이 있었다. 그렇기 때문에 최근 화두가 된 언어에 대해서도 소극적인 관심으로만 머물러 있던 중, 이번 원고를 받아 들며 파이썬을 향한 본격적인 맛보기가 시작됐다. 이미 오동진 선생님의 『해킹 입문자를 위한 TCP/IP 이론과 보안』(에이콘, 2016)을 통해 입문자의 입장을 헤아려주는 친절함을 몸소 느껴본 기억이 있어 반가운 마음으로 부담 없이 읽기 시작할 수 있었다. 기대했던 대로, 이번 『해커의 언어 파이썬 3 입문』 역시 한 권의 소설책을 읽는 듯이 가벼운 걸음으로 시작했지만, 완독 후에는 파이썬의 전체적인 그림을 그려주는 가이드 역할로서 부족함이 없었다.

특히 프로그래밍 언어에 대한 지식이 없는 완벽한 초보자 해커에게도 군더더기 없는 파이썬 입문서가 돼 줄 것이다. 복잡한 개념과 문법의 소스 코드로 가득 차 있는 서적이 아닌, 쉬운 예시들로 원리를 설명하고 있다. 이러한 구성에서 독자들이 책 안의 지식을 그대로 받아들이기보다는 온전히 내 것의 일부로 만들어내게끔 이끌어주려는 저자의 노력을 엿볼 수 있었다. 파이썬의 기본적인 개념 · 지식 · 구조, 그리고 원리에 대한 전체적인 감각을 심어주는 이 책은 응용 단계를 위한 다음 목적지로 가는 청사진 정도는 가뿐히 그려낼 수 있도록 초석을 다져줄 것이다. 또한 해커로서 파이썬을 접하게 되는 순간부터 완독을 끝낸 시점까지 일련의 과정을 통해 해킹 수행의 도구로 단연 파이썬을 가장 사랑하게 되지 않을까 생각한다. 그 출발점이 『해커의 언어 파이썬 3 입문』이 된 것을 환영한다.

모의 침투 연구회 부회장 김지수

| 지은이 소개 |

오동진(ohdongjin1968@gmail.com)

서울에서 출생해 인천대학교(구 인천전문대학) 일어과와 경희사
이버대학교 정보통신학과를 졸업하고, 한국외국어대학교 교육
대학원에서 전산교육학 석사를 취득했다.

약 9년 동안 한국통신[KT]과 하이텔[HiTEL] 등에서 근무하며 다양
한 정보 기술 환경을 경험했다. 정보처리산업기사와 CCNA/
CCNP 등과 같은 자격증을 취득했다.

국가공무원인재개발원과 한국지역정보개발원 등에서 정보보안기사와 모의 침투 분
야에 대해 강의 중이다. 2016년 경찰교육원에서 우수 외래 강사로 감사장을 받기도
했다. 사이버 보안 중에서도 다양한 모의 침투 운영 체제와 사회 공학에 특히 관심이
많다. 또한 페이스북에 모의 침투 연구회(www.facebook.com/groups/metasploits)와
사이버 안보 연구회(www.facebook.com/groups/koreancyberwar)를 개설해 회장으
로 활동 중이다.

강의가 없을 때에는 문학과 사학과 철학 등에 대한 책을 읽거나 국가 정보학 등과 같은
책을 읽는다.

저서로는 『칼리 리눅스 입문자를 위한 메타스플로잇 중심의 모의 침투 2/e』(에이콘,
2017) · 『해킹 입문자를 위한 TCP/IP 이론과 보안』(에이콘, 2016) · 『소켓 개발 입문
자를 위한 백박스 기반의 파이썬 2.7』(에이콘, 2016) · 『백박스 리눅스를 활용한 모의
침투』(에이콘, 2017) 등이 있고, 공저로는 『데비안 리눅스 활용과 보안』(에이콘 2017)
등이 있다.

공대생들에게 수학은 필수 과목이다. 그렇다고 공대생들이 수학 전공자가 배우는 모든 분야를 배우는 것은 아니다. 공대생들은 공업 수학^{engineering mathematics}을 통해 자신의 전공에 부합하는 수학 지식을 선택해 학습한다. 공업 수학에는 수학 내용 중 상미분 방정식과 편미분 방정식 그리고 벡터 미적분과 푸리에 해석 등과 같이 공학에서 필요한 부분만을 엄선해 반영했기 때문이다. 공업 수학이 없었다면 공대생들은 수학 과목에 자신의 전공 과목까지 익혀야 하는 이중고에 시달릴 수밖에 없다.

이 책을 구상한 이유도 바로 이런 인식 선상에 있다. 해커에게 파이썬은 해킹을 구현하기 위한 도구이지 파이썬 그 자체에 의미를 두는 것은 아니다. 다시 말해 해커는 게임을 개발하거나 통계를 분석하기 위해 파이썬을 사용하는 것이 아니다. 그렇기 때문에 해커에게는 파이썬의 광범위한 문법 중에서도 해킹에 필요한 문법이 우선적으로 필요하다. 공대생에게는 집합론이나 유클리드 기하학이 아닌 공업 수학이 필요한 이유와 같은 이치다.

이 책은 이제 막 컴퓨터 언어를 시작하려고 하는 사람을 대상으로 하기보다는 해킹에 관심과 열정을 보이는 초보 해커를 염두에 두면서 해킹 단계가 높아질수록 필수적으로 요구하는 파이썬 문법에 부합하도록 구성했다. 다시 말해 파이썬을 이용한 해킹 도구를 소개하거나 이러저러한 분야에서 활용할 수 있다는 백화점식 예제를 지양하고 보안 분야에서 가장 필요한 파이썬 문법 체계에 초점을 두었다.

이 책은 다음과 같은 점을 염두에 두면서 집필했다.

1. 해커에게 친숙한 데비안/우분투^{Debian/Ubuntu} 기반의 운영 체제 환경에서 파이썬 3 언어를 소개했다. 이 책에서는 모의 침투 운영 체제인 백박스^{BackBox} 4.7 버전 환경을 사용했다. 터득한 파이썬 문법과 기능을 이용해 곧바로 침투 도구 분석이나

제작에 접목하라는 의도다.

2. 복잡할 수 있는 개념을 단편적으로 분리해 해당 개념을 소개했다. 길고 복잡한 소스 코드로 이뤄진 예제는 집중해야 할 문법에서 산만해지기 쉽기 때문에 짧고 간결한 소스 코드만으로 이뤄진 예제를 통해 문법 내용에 집중하도록 구성했다. 중학생 이상이면 쉽게 이해할 수 있는 소스 코드 예제로만 작성했다.

3. 순수 파이썬 입문자까지 고려해 체계적인 구성을 이루도록 노력했다. 일례로 데이터 타입을 설명하면서 제어문 내용을 전혀 사용하지 않았다. 또한 함수와 클래스 내용도 전혀 사용하지 않았다. 각 장을 구성하면서 수학적 체계성에 충실하고자 최대한 노력했다.

4. 대학교나 학원 등에서 강의 교재로 사용할 수 있도록 5일 35시간 기준 분량으로 내용을 구성했다. 최근 코딩 교육 강화 추세를 고려해 고등학교 등에서도 사용할 수 있도록 집필했다.

필자는 작년 12월 한 달 내내 이 책을 집필하는데 매진했다. 잘못된 입력에서 잘못된 출력이 나온다는 전산의 기본 법칙을 알기 때문에 사소한 오류가 독자 여러분에게 잘못된 지식으로 전해지는 두려움을 떠안으며 한 자 한 자마다 정성을 들였다. 그럼에도 간과한 오류가 있을 수 있다. 이러한 노력만이라도 가상히 여겨 너무 심하지 않게 질책해 주기 바랄 뿐이다.

伏望聖上陛下 諒狂簡之裁 赦妄作之罪 雖不足藏之名山 庶無使墁之醬瓿
(엎드려 바라오니 성상 폐하께서 소루한 편찬을 양해해 주시고 망작의 죄마저 용서해 주시니 미록 명산에 비상할 바는 아니오나 간장 항아리 덮개로만은 쓰지 말아 주시옵소서)

– 김부식(金富軾)의 『삼국사기(三國史記)』 서문에서

| 감사의 글 |

仰不愧於天 俯不怍於人

(하늘을 올려다 보아도 부끄럽지 아니하고 사람을 내려다 보아도 부끄럽지 아니
하다)

— 孟子(맹자)의 『진심편(盡心篇)』 서문에서

부모님에 대한 감사를 어떻게 알량한 필설로 전할 수 있겠는가? 김만중金萬重 선생이
어머니를 위해 『구운몽九雲夢』을 집필한 심정으로 나의 아버지와 어머니께 이 책을 바
친다.

늘 빠뜨리는 삶의 부속품을 챙겨주는 내 여동생과 매제에게도 감사의 말을 전하고자
한다.

책을 다시 한 번 멋있게 완성해 주신 에이콘출판사의 모든 직원분들께도 진심으로
감사드린다. 이 분들이야말로 필자의 책을 가장 많이 다듬어 주신 분들이다.

서울 종로 경찰서에 계시는 이상현 과장님은 2008년경 중앙 공무원 교육원에서 강
사와 수강생으로 처음 만나 지금까지도 자주 술잔을 나누는 분이다. 나처럼 성룡成龍
의 최고 작품을 〈폴리스 스토리〉라고 생각하시는 분이기도 하다. 대한민국이 아직까
지도 희망적인 이유는 바로 이런 분들이 공직에 계시기 때문이라고 생각한다. 언제
나 변함없는 감사와 존경의 마음을 전하고자 한다.

경찰청 사이버 안전국에 계시는 주성환 경감님은 이상현 경정님의 경찰대학 8년 후
배로서 이 경정님과 함께 술자리를 한 적이 있다. 지적인 외모. 이것이 그분의 첫 인
상이었다. 술잔이 도는 과정에서 참으로 많은 이야기를 주고받았던 것 같다. 그 중에
서도 철학에 대한 담론과 이순신 제독의 명량해전에 대한 해석이 가장 인상적이었다.

주경야독하는 와중에도 원고를 검토해 주고 추천의 글까지 보내준 모의 침투 연구회 부회장 김지수 씨에게도 감사 인사를 드린다.

국가 공무원 인재 개발원의 손영주 · 옥보현 선생님께 감사의 마음을 전한다. 두 분은 내가 국가 공무원 인재 개발원에서 강의할 수 있도록 배려해 주신 분들이다.

경찰교육원의 최권훈 교수님께 감사의 마음을 전한다. 최 교수님께서는 내가 강사 생활하면서 난생 처음 감사장이라는 것을 받을 수 있게 해 주신 분이다. 언제나 감사하게 생각한다.

한국 지역 정보 개발원의 박찬규 선생님께 머리 숙여 진심으로 감사의 마음을 전한다. 특히 한국 지역 정보 개발원은 내가 더욱 노력하는 강사로 태어날 수 있게 언제나 기회를 주는 곳이다.

경찰대학 치안 정책 연구소에 계시는 유현 교수님께 감사드린다. 그분은 과거 경찰 수사 연수원 교수로 재직하실 때 내가 중앙 공무원 교육원에서 진행하던 사이버 보안 강의에 참석하신 적이 있다. 당시 그분으로부터 백트랙의 존재를 처음 알았다. 백트랙에 대한 내 열정에 방아쇠를 당길 수 있었던 계기를 마련해 주신 분이다. 그분이 아니었다면 지금 이렇게 집필하지도 못했을 것이다. 해박한 지식과 높은 도덕성을 겸비하신 분이다. 내 삶에서 모의 침투 운영 체제와 파이썬에 관한 한 평생 잊지 못할 분이다.

이밖에도 이 책이 나오도록 많은 관심과 격려를 보내주신 모든 분들께 머리 숙여 진심으로 감사드린다.

마지막으로 이 책을 읽고 계신 독자 여러분들께 진심으로 감사드린다. 독자 여러분늘 앞에 아직도 많이 부족한 내 이름을 올릴 수 있어 무한한 영광으로 생각한다.

| 차례 |

어른과 비교할 때 아이들은 외국어를 빨리 습득한다. 아이들이 문법을 모름에도 불구하고 외국어를 빨리 배우는 이유는 예문 자체를 암기하기 때문이다. 아이들은 이렇게 암기한 예문에서 자신이 생각하는 부분만 단어로 바꾸어 표현한다. 문법에 따른 문장의 변화 등은 일단 무시한다. 이후 보다 많은 의사소통 과정에서 그동안 축적한 어휘와 문장을 기반으로 올바른 언어 구사력을 발휘한다.

흔히 수학은 사고력을 위한 학문이라고 하지만 수학도 궁극적으로는 기억력이다. 다시 말해 수학도 여러 유형을 반복적으로 접하면서 자신도 모르는 사이에 문제 유형을 기억하고 그에 대한 감각이 생긴다. 새로운 유형의 문제도 이런 반복적인 경험을 통해 습득한 기억과 감각을 기반으로 해결할 수 있다. 수학 전공자가 10년 이상 수학을 멀리한 상태에서 수학 문제에 접근하면 비전공자처럼 막막해하는 이유도 기억과 감각을 상실했기 때문이다.

컴퓨터 언어 학습도 수학 학습과 다를 바가 없다. 문법을 설명하는 예제는 동작 원리를 이해한 뒤 가급적 해당 유형을 기억하는 것이 좋다. 그렇기 때문에 한 가지 문법 내용을 설명하기 위해 지나치게 긴 예제는 최대한 배제했고 사고력 증진이란 이유로 여러 문제를 제시하는 것도 생략했다. 이제 막 목검을 든 사람에게 진검 훈련을 요구할 수는 없는 법이다. 이제 갓 입문한 초보자가 사고력 증진이란 이유로 오직 혼자만의 힘으로 복잡한 문제를 풀기 위해 시간을 투자할 바엔 차라리 다른 사람들이 작성한 소스 코드를 접하는 편이 더 유용하다고 생각한다. 어느 정도 문법 지식과 감각이 쌓이면 그때부터 서서히 응용력이 붙기 시작한다. 이 말은 곧 창조력이 생기기 전까지는 모방력을 키우라는 의미다.

서문에서도 이미 밝힌 바와 같이 보안 분야에서 가장 필요한 파이썬 3 문법 체계라는 대원칙에 따라 각 장을 구성했다. 각 장의 내용은 다음과 같다.

제1장, 파이썬 소개와 실습 환경 구축 들여쓰기에 기반한 파이썬 언어의 강점 등을 소개했고 파이썬을 사용할 수 있는 운영 체제의 종류 그리고 데비안/우분투 기반 중심의 파이썬 3 작업 환경 등을 소개했다.

제2장, 주요한 데이터 타입과 변수 그리고 객체의 이해 파이썬에서 처리하는 데이터 타입의 종류를 소개했다. 그리고 변수와 객체의 개념을 소개한 뒤 참조 변수를 소개했다.

제3장, 숫자 데이터 특징과 각종 연산자 정수를 중심으로 숫자 데이터 타입의 다양한 연산자를 소개했다. 또한 숫자와 관련이 있는 바이트 순서 개념 등을 소개했다. 엔디안 개념은 리버싱 분야에서 기초가 되는 내용인 만큼 반복 학습해 주기 바란다.

제4장, 문자열 데이터 특징과 내장 함수 시퀀스 데이터 타입으로서 문자열 데이터 타입의 형식과 특징을 소개했다. 또한 문자열과 관련한 다양한 내장 함수의 기능 등을 소개했다. 아울러 바이트 타입과 바이트 배열도 소개했다. 바이트 타입과 바이트 배열은 소켓 분야에서 빈번하게 사용하는 내용인 만큼 반복 학습해 주기 바란다.

제5장, 리스트 데이터 특징과 내장 함수 시퀀스 데이터 타입으로서 리스트 데이터 타입의 형식과 특징을 소개했다. 또한 리스트와 관련한 다양한 내장 함수의 기능 등도 소개했다.

제6장, 튜플 데이터 특징과 내장 함수 시퀀스 데이터 타입으로서 튜플 데이터 타입의 형식과 특징을 소개했다. 또한 튜플과 리스트를 상호 변경할 수 있는 내장 함수의 기능 등도 소개했다. 더불어 format( ) 함수를 이용한 문자열 서식도 소개했다.

제7장, 딕트 데이터 특징과 내장 함수 매핑 데이터 타입으로서 딕트 데이터 타입의 형식과 특징을 소개했다.

제8장, 각종 제어문의 이해 중괄호가 아닌 들여쓰기에 기반한 파이썬 고유의 조건문/반복문의 형식과 기능 등을 간결한 예제를 통해 소개했다. C 언어 형식과 차이가 있는 만큼 반복 학습해 주기 바란다.

제9장, 파일 및 예외 처리에 대한 이해 open( ) 함수와 write( ) 함수와 read( ) 함수 그리고 close( ) 함수로 이어지는 일련의 파일 처리 과정을 소개했다. 또한 예외의 개념과 try-except-else-finally 문으로 이루어진 예외 처리를 소개했다. 더불어 raise/assert 문의 개념을 소개했다.

제10장, 함수에 대한 이해 사용자 정의 함수를 중심으로 파이썬 고유의 함수 형식과 다양한 용어와 기능 등을 소개했다. 또한 함수에서 사용하는 전역 변수와 지역 변수의 개념을 소개했다. 아울러 축약 함수의 개념을 소개했다.

제11장, 모듈과 패키지에 대한 이해 모듈과 프레임워크 그리고 패키지 개념과 import 문을 이용한 다양한 사용 방법을 소개했다.

제12장, 주요한 내장 모듈 파이썬을 커널과 소켓 등에서 자주 사용하는 주요 모듈 세 가지, 다시 말해 os 모듈과 socket 모듈과 struct 모듈을 소개했다. 이와 함께 형식 문자열의 종류도 소개했다. 보안 분야에서 핵심을 이루는 모듈인 만큼 반복 학습해 주기 바란다.

제13장, 클래스에 대한 이해 객체지향 스크립트 언어로서 파이썬 고유의 클래스 형식과 다양한 기능 등을 소개했다. 또한 클래스에서 사용하는 self 인자의 개념 등을 소개했다. 더불어 클래스의 핵심 기능인 상속과 다형성의 개념을 소개했다. 파이썬 언어의 꽃인 만큼 반복 학습해 주기 바란다.

제14장, GUI 기초 tkinter 모듈을 이용한 파이썬 GUI 개념과 이벤트 개념 등을 소개했다.

제15장, 파이썬의 활용 제3장부터 제14장까지 설명한 문법 내용을 토대로 소켓과 암호에 대한 내용을 소개했다.

1

파이썬 소개와 실습 환경 구축

입문자와 전문가 모두 만족시키는 파이썬 언어

언어^{language}란 상대방과 의사소통하기 위한 수단이다. 영국인과 대화하려면 영어가 필요한 것처럼 컴퓨터와 의사소통하려면 컴퓨터 언어^{computer language}가 필요하다. 다시 말해 **컴퓨터로 하여금 사람이 생각하는 연산 등을 수행하도록 설계한 인공 언어를 컴퓨터 언어 또는 프로그래밍 언어**^{programming language}라고 한다. CPU 등에서는 사람의 생각을 오직 0과 1로 이루어진 **2진수**^{binary}로 해석해 동작하는데 이때 **사람의 생각과 CPU의 동작 사이의 간극을 바로 컴퓨터 언어가 담당한다. 인간이 문제 해결을 위해 작성한 처리 순서를** 알고리즘^{algorithm}이라고 한다면 **컴퓨터 언어란 인간의 사고를 반영한 알고리즘을 실질적으로 구현하는 도구**라고 할 수 있다.

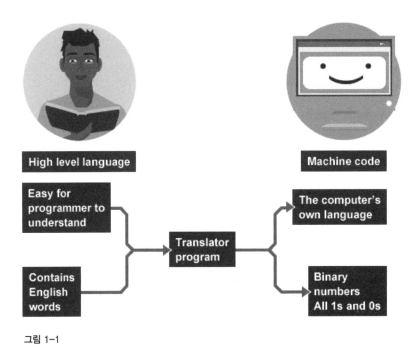

High level language

Easy for programmer to understand

Contains English words

Translator program

Machine code

The computer's own language

Binary numbers All 1s and 0s

그림 1-1

그림 1-1에서는 컴퓨터 언어가 수행하는 이러한 기능을 잘 보여 준다.

컴퓨터 언어는 그림 1-2와 같이 크게 컴파일^{compiler} 방식과 인터프리터^{interpreter} 방식으로 나눌 수 있다. 사람이 작성한 모든 소스 코드를 처음부터 끝까지 기계가 해석할 수 있는 형태로 **일괄 변경해 주는 방식**이 컴파일 방식이다. **번역**에 해당하는 개념이라고 할 수 있다. 반면 사람이 소스 코드를 작성할 때마다 해당 소스 코드를 기계가 해석할 수 있는 형태로 **즉각 변경해 주는 방식**이 인터프리터 방식이다. **통역**에 해당하는 개념이라고 할 수 있다. 바이트코드^{bytecode} 방식은 **컴파일 방식과 인터프리터 방식을 혼용한 방식**이다. **자바^{java} 언어가 대표적인 바이트코드 방식에 해당**한다.

그림 1-2

한편 이 세상에는 **4,000개** 이상의 언어가 있다. 컴퓨터 언어에도 아주 많은 종류가 있는데 이제부터 소개할 **파이썬**^{python}이란 언어도 그 중 한 개다.

파이썬 창시자는 네덜란드 출신의 **귀도 반 로섬**^{Guido van Rossum}이라는 개발자다. 그는 1989년 12월 12월, 성탄절 휴가 동안 **C 언어**에 기반한 새로운 언어 개발에 착수했다. 2년 동안의 각고 끝에 그는 새로운 컴퓨터 언어 개발에 성공했다. 귀도 반 로섬은 새로 개발한 언어에 **파이썬**이라는 이름을 부여했다. 그는 평소 애청하던 영국 코미디 방송 〈Monty Python's Flying Circus〉에서 파이썬이란 이름을 생각했다.

등장한지 약 25년이 지난 지금, 파이썬은 비영리 단체인 **파이썬 소프트웨어 재단**^{Python Software Foundation:PSF}에서 관리한다. PSF는 다음 사이트에서 확인할 수 있다.

```
www.python.org/psf
```

파이썬은 **오픈소스 정책**을 지향하기 때문에 다음 사이트에서 무료로 받을 수 있다.

```
www.python.org/downloads
```

파이썬은 **윈도우 운영 체제**뿐 아니라 유닉스/리눅스 기반의 운영 체제와 OS X 운영 체제 등에서도 사용할 수 있다. **데비안/우분투** 기반의 운영 체제에서는 파이썬을 설치하지 않아도 바로 실행할 수 있다. 또한 파이썬은 **운영 체제와 독립적으로 동작하는 언어**이기 때문에 윈도우에서 작성한 파이썬 파일(**확장자 py**)을 곧바로 유닉스/리눅스 기반의 운영 체제에서 실행시킬 수 있다. 물론 OS X 운영 체제에서 작성한 파이썬 파일을 윈도우에서도 실행시킬 수 있다. 운영 체제에 종속적인 언어를 경험한 사람이라면 파이썬의 편리성이 얼마나 큰 것인가 금방 알 수 있다.

파이썬은 **인터프리터 방식에 기반한 범용성** · **동적 데이터 타입**^{dynamic data type} · **고수준의 데이 터 타입** 등과 같은 특징이 있지만 무엇보다 "Life is too short, you need Python(인생은 짧기에 파이썬이 필요하다)."라는 말처럼 파이썬에 있어 가장 큰 장점은 **문법 체계의 간결 성**^{simplicity}이다.

C 언어와 파이썬 언어로 작성한 소스 코드를 비교해 보자. 먼저 C 언어에서 factorial() **함수**를 작성하면 예제 1-1과 같다(세부적인 내용은 무시하고 오직 **시각적인 측면에서만** 고 **찰**하기 바란다).

```c
int factorial(int x) {
        if(x == 0) {
                return 1;
        } else {
                return x * factorial(x - 1);
        }
}
```

예제 1-1

소스 코드 중간중간에 보이는 **중괄호(brace, {})**가 시야를 답답하게 한다. 마치 잡초에 묻힌 화초를 보는 기분이다. 반면 파이썬 언어에서 factorial() **함수**를 작성하면 예제 1-2와 같다.

```python
def factorial(x):
        if x == 0:
                return 1
```

```
        else:
            return x * factorial(x - 1)
```

예제 1-2

수풀처럼 우거진 중괄호를 이용해 작성한 C 언어의 소스 코드보다 **들여쓰기**^{indent}로
작성한 파이썬 언어 소스 코드가 훨씬 간결하다는 느낌이 든다. 제초제를 이용해 잡
초를 제거한 기분이다. 신속한 논리 전개를 가로막았던 중괄호를 제거했기 때문에
내용 파악도 상당히 직관적이고 빠르다. 프로그래밍 입문자 입장에서 본다면 확실히
C 언어보다는 파이썬 언어가 매력적일 수밖에 없다.

파이썬의 간결성은 작업의 **생산성**을 **향상**시킨다. 파이썬은 C/C++ 언어보다 최대 10
배 빠른 속도로 프로그램을 개발할 수 있다. 치열한 경쟁 구도에서 생상성 향상이라
는 화두는 기업의 사활을 결정한다. 이러한 이유로 구글이나 야후 등과 같은 미국 기
업에서는 일찍부터 파이썬을 사용했다. 기업뿐 아니라 미국 항공 우주국^{NASA}이나 미
국 해양 대기청^{NOAA} 등과 같은 국가 기관에서도 파이썬을 사용한다. 그만큼 파이썬은
간결하지만 정교한 계산까지 할 수 있다는 의미다.

한편 하드웨어를 제어하기 위한 커널 개발은 오랜 시간이 흐른 지금에도 **어셈블리**
^{assembly} **언어**와 **C 언어** 등에 의존한다. 이런 언어들이 **포인터**^{pointer} 기능을 이용해 메모
리에 접근할 수 있기 때문이다. 다시 말해, 파이썬 언어가 아무리 범용성을 지향하는
언어라 할지라도 커널을 개발하는 용도까지 사용할 수 없다는 의미다. 그러나 이러
한 제한이 파이썬 언어의 고유한 단점이라고도 할 수 없다. 포인터 기능이 없는 여타
의 커널 수준까지 접근할 수 없기 때문이다. 파이썬은 C 언어에 기반해 설계했기 때
문에 C 언어와의 **접착성**이 대단히 탁월하다. 따라서 파이썬은 커널 수준에서 작성
한 C 언어를 불러들일 수 있기 때문에 파이썬도 커널 수준까지 어느 정도 접근할
수 있다.

파이썬은 인터프리터 방식이기 때문에 **속도 저하** 측면을 파이썬의 단점으로 언급하
기도 한다. 그러나 C 언어와의 접착성을 이용해 어느 정도 보완할 수 있다. 또한 순수

응용 분야 측면에서만 비교하자면 여타 언어와 큰 차이를 보일 만큼 속도가 떨어지는 것도 아니다. 최근 고사양 하드웨어를 사용하는 컴퓨팅 환경에서라면 더욱 그렇다.

이런 파이썬 언어의 특징 때문에 프로그래밍을 처음 시작하려는 입문자뿐 아니라 컴퓨터 전문가인 해커들에게도 좋은 평가를 받는다.

오늘날 파이썬은 C/C++, 자바 등과 어깨를 견줄 만큼 세계적으로 성장했다. 매달 컴퓨터 언어의 인기 순위를 집계하는 **레드몽크**(www.redmonk.com)나 **티오베**(www.tiobe.com) 등의 자료를 보면 파이썬의 인기 순위는 5위 안에 자주 올라온다. 코드 경진 대회 서비스를 제공하는 **코드이벨**(blog.codeeval.com)에서는 파이썬을 2016년 프로그래밍 인기 순위 1위로 선정하기도 했다.

국내에서도 최근 파이썬에 대한 관심과 자료가 홍수처럼 넘친다. 특히 **소프트웨어 과목**을 **중등 학교 정규 과목**으로 추진하는 상황에서 파이썬의 **교육적 가치**는 더욱 커질 전망이다. 이와 관련해 다음의 웹사이트에서 관련 글을 읽어 보기 바란다.

goo.gl/3pWHxK

이처럼 파이썬은 초보자와 전문가에게 필요한 **용이성 · 확장성 · 실용성 · 창의성** 등과 같은 다양한 특징을 제공하는 언어라고 할 수 있다.

한편 파이썬 언어에는 크게 **2 버전**과 **3 버전**이 있다. 3 버전은 2 버전을 대체하기 위해 개발했다. 당연한 말이겠지만 버전이 높다는 것은 그만큼 이전 버전보다 안정적이고 편리하다는 의미다. 다만 2 버전과 3 버전 사이의 **호환성 문제** 때문에 지금까지 **2 버전을 존속**시키고 있다. 파이썬으로 컴퓨터 언어를 시작하는 입장이라면 **파이썬 3 버전**에 집중할 필요가 있다. 앞으로 파이썬이라고 말하면 파이썬 3 버전을 의미한다 (특별한 경우가 아니라면 2 버전은 더 이상 고려하지 말자). 참고로 **2017년 1월 현재** 파이썬의 최신 버전은 **3.6.0**이다.

데비안/우분투 운영 체제를 사용하는 경우라면 파이썬 2.7 버전과 3.4 버전 모두 내장한 상태이기 때문에 별도로 설치할 필요가 없다.

실습 환경 구축

파이썬은 유닉스 기반의 OS X나 리눅스 기반의 데비안/우분투 계열 등에서는 별도의 설치 과정이 불필요하다. 윈도우를 사용한다면 파이썬 사이트에서 python-3.5.2.exe 파일을 다운로드받아 설치해야 한다. 윈도우에서 파이썬 설치와 설정 과정은 생략하겠다. 구글 또는 유튜브에 가면 파이썬 설치 과정을 다룬 내용이 홍수처럼 넘치는 상황에서 파이썬 설치와 설정을 다루는 일은 지면 낭비라고 생각하기 때문이다. 참고로 각종 운영 체제에서 파이썬 3 설치에 대한 내용은 다음 사이트를 참고하기 바란다.

```
goo.gl/3LGsxD
```

이 책에서는 32 비트 기반의 백박스^{backBox}라는 운영 체제에서 파이썬을 사용하겠다. 백박스 운영 체제에는 **파이썬 기반의 무수한 모의 침투 도구를 내장한 상태**이기 때문에 곧바로 활용하고 분석할 수 있다는 장점이 있다. 참고로 백박스 운영 체제는 **우분투(주분투) 기반**으로 모의 침투를 수행하는 데 필요한 **각종 모의 침투 도구를 기본적으로 내장한 모의 침투 운영 체제**^{penetration testing operating system}다. 백박스에 대한 많은 내용을 알고 싶다면 필자의 저서 『**백박스 리눅스를 활용한 모의 침투**』(에이콘, 2017)를 참고하기 바란다.

백박스는 다음 사이트에서 무료로 받을 수 있다.

```
www.backbox.org/downloads
```

2017년 1월 현재 백박스의 최신 버전은 4.7이다.

다운로드받은 운영 체제 이미지를 이용해 노트북 PC나 **VMware**(가상 환경)에 설치하기 바란다. 설치 방법 등은 **우분투 설치**와 완전히 동일하므로 구글 사이트에서 우분투 설치라는 검색어를 입력해 관련 내용을 참고하기 바란다. 유튜브 사이트에서 검색해도 많은 영상을 확인할 수 있다. 그런 만큼 파이썬 설치와 설정처럼 백박스 설치와 설정 과정은 생략하겠다. 필자는 가상 환경에 백박스를 설치했다. 그러나 백박스 환경과 데비안/우분투 환경은 본질적으로 동일하기 때문에 반드시 백박스가 아니라도 상관 없다. 결론은 데비안/우분투 계열이면 아무 운영 체제든 상관이 없다는 의미다.

운영 체제를 설치한 후 **터미널** 창을 실행해 다음과 같이 적당한 **루트**root 비밀번호를 입력하면 루트 계정을 활성화시킬 수 있다.

```
sudo passwd root
```

또한 원활한 한국어 사용을 위해 다음과 같이 입력한다.

```
sudo apt-get install nabi im-config fonts-nanum* synaptic
```

만약 가상 환경에서 데비안/우분투 계열의 운영 체제를 설치했다면 원활한 원격 접속을 위해 다음과 같은 명령어를 입력한 뒤 PermitRootLogin 부분에서 PermitRootLogin yes처럼 수정한다.

```
sudo nano /etc/ssh/sshd_config -n
```

수정을 마쳤으면 다음과 같은 명령어를 입력해 수정한 내용을 확인한 뒤 운영 체제를 재시작한다.

```
sudo cat /etc/ssh/sshd_config -n | grep PermitRootLogin
```

재시작한 후 다시 터미널 창을 실행하고 다음과 같은 명령어를 입력하면 **IP 주소**를 확인할 수 있다.

```
sudo ifconfig
```

IP 주소를 확인한 뒤 **테라 텀**^{tera term} 등과 같은 **원격 접속 프로그램**을 이용해 **SSH 방식**에 따라 루트 계정으로 해당 운영 체제에 접속한다(이후 특별한 경우를 제외하곤 **루트 계정을 전제로 설명**하겠다).

이제 파이썬을 사용하기 위한 작업 환경을 알아보겠다. 데비안/우분투 계열에서는 파이썬 2.7 버전과 파이썬 3.4 버전을 모두 지원한다고 말했다. 파이썬 2.7 환경부터 알아보겠다.

터미널 창에서 예제 1-3과 같이 python 명령어를 입력하면 **대화식 모드**^{interactive mode}가 나온다. 대화식 모드를 경우에 따라 **쉘**^{shell}이라고도 부른다.

```
root@backbox:~# python
Python 2.7.6 (default, Oct 26 2016, 20:32:47)
[GCC 4.8.4] on linux2
Type "help", "copyright", "credits" or "license" for more information.
>>> exit()
root@backbox:~#
```

예제 1-3

대화식 모드로 들어가면 Python 2.7.6과 같은 파이썬 버전을 볼 수 있다. 또한 >>>에 **커서**^{cursor}가 위치해 사용자의 입력을 기다린다. 커서에서 소스 코드를 작성할 수 있다. 종료할 경우에는 exit()라고 입력한다. 뒤에서 다시 언급하겠지만 exit()는 파이썬에서 제공하는 내장 함수로서 여기서는 **대화식 모드에서 빠져나가는 기능을 수행**한다.

이번에는 python3 명령어를 입력하자.

```
root@backbox:~# python3
```

```
Python 3.4.3 (default, Nov 17 2016, 01:11:57)
[GCC 4.8.4] on linux
Type "help", "copyright", "credits" or "license" for more information.
>>> exit()
root@backbox:~#
```

예제 1-4

예제 1-4에서 보는 바와 같이 python3 명령어를 입력하면 파이썬 3.4 버전을 실행할
수 있다.

OS X 환경도 데비안/우분투 환경과 동일하다.

파이썬을 실행하는 방법에는 대화식 모드 이외에도 직접 소스 코드를 작성해 파일로
실행하는 방법이 있지만 **당분간은 대화식 모드에서 파이썬 문법**을 소개하고 제8장 **제어문**
을 소개할 때부터 **파일로 작성해 실행**하겠다. 참고하기 바란다.

주요한 데이터 타입과 변수 그리고 객체의 이해

데이터 타입^{data type}이란 컴퓨터 언어가 처리할 수 있는 데이터 종류를 의미한다. 파이썬에서 처리할 수 있는 주요한 데이터 타입에는 **숫자**^{number}와 **문자열**^{string} 그리고 **리스트**^{list}와 **딕트**^{dict}와 **튜플**^{tuple} 등이 있다. 이중 리스트 타입과 딕트 타입과 튜플 타입 등이 **고수준의 데이터 타입**에 해당한다. 파이썬의 주요한 데이터 타입은 표 2-1과 같다(표 2-1의 내용을 기억하자).

표 2-1

데이터 타입	내용	형식
숫자	정수와 실수 등과 같은 데이터	10 또는 10.0
문자열	**인용 부호**를 이용한 데이터	"protocol" 또는 "10"
리스트	**대괄호**를 이용한 집합적 데이터	["ftp", "ssh", "telnet"]
딕트	**중괄호**를 이용한 집합적 데이터	{"twitter.com":"199.59.150.39"}
튜플	**소괄호**를 이용한 집합적 데이터	("ftp", "ssh", "telnet")

10과 "10"은 본질적으로 동일한 내용이지만 표기 형식은 완전히 다르다. 10은 숫자 데이터이고 "10"은 문자열 데이터다. 형식이 다르다는 의미는 속성이 다르다는 의미다. 다시 말해 처리 방식도 다르다는 의미다. 숫자 데이터 10과 문자열 데이터 "10"에 대한 처리 방식의 차이점은 제4장에서 소개하겠다.

또한 파이썬에서는 **괄호**bracket를 이용해 숫자 데이터와 문자열 데이터 등을 **집합적으로 혼용한 고수준의 데이터 타입을 사용**할 수 있다. 표 2-1에서 보는 바와 같이 리스트 타입은 **대괄호**를 이용하고 딕트 타입은 **중괄호**를 이용하고 튜플 타입은 **소괄호**를 이용한다. 이때 문자열과 리스트 그리고 튜플 등과 같은 데이터 타입을 시퀀스 데이터 타입sequence data type이라고 한다. **시퀀스 데이터 타입**이란 **여러 개의 데이터를 집합적으로 구성한 뒤 순서를 부여한 데이터 구조**를 의미한다. 이때 각각의 데이터를 아이템item이라고 부르며 각 아이템마다 인덱스index를 부여해 해당 아이템에 접근할 수 있다. 주의할 점은 인덱스의 시작은 1이 아닌 0에서부터 시작한다(대부분의 컴퓨터 언어에서는 1이 아닌 0에서부터 시작). 형태는 다르지만 시퀀스 데이터 타입에는 표 2-2와 같은 공통적인 속성이 있다.

표 2-2

속성	설명
연결과 반복	덧셈과 곱셈 연산자를 이용
길이 또는 크기 정보	len( ) 함수
아이템 검사	해당 아이템 유무 검사
인덱싱과 슬라이싱	해당 아이템 접근 방식

표 2-2에서 언급한 인덱싱indexing은 **시퀀스 데이터 타입에서 해당 아이템에 접근하기 위한 방식**이다. 또한 슬라이싱slicing은 **인덱싱의 확장 기능**이기도 하다. 시퀀스 데이터 타입의 구체적인 속성은 제4장에서 보다 자세히 설명하겠다. 일단 표 2-2에서 제시한 시퀀스 데이터 타입의 네 가지 속성을 기억해 주기 바란다.

한편 전산학에서 아주 흔하게 사용하는 '변수variable'라는 단어는 수학에서 사용하는 변수와는 의미가 많이 다르다. 전산학과 수학에서 사용하는 변수의 차이를 명확히 이해하기 위해 먼저 y = x + 10이라는 수식을 보자. x = 10이라면 x + 10이라는 정해진 식에 따라 10 + 10을 계산해 y = 20을 얻을 수 있다.

이런 내용을 소프트웨어 측면에서 해석해 보자.

전산학에서는 y = x + 10과 같은 식을 **알고리즘**이라고 한다. 해당 알고리즘을 이용하면 x 값이 주어질 때 x + 10에 따라 계산한 후 결과 값을 출력해 준다. 이때 x = 10을 **입력**이라고 간주하고 10 + 10을 **연산**이라고 간주하고 y = 20을 **출력**이라고 간주한다면 **입력·연산·출력**이라는 **컴퓨터의 전형적인 처리 과정에 해당**한다.

이번에는 하드웨어 측면에서 다시금 해석해 보자.

y라는 출력을 구하기 위해 키보드를 통해 x에 해당하는 10을 입력한다. 입력받은 10이라는 숫자는 키보드에서 메모리로 올라간다. 산술을 수행하기 위해서 해당 숫자를 일시 기억해야 하는 과정이 필요하듯 컴퓨터에서도 데이터를 계산하기 위해서는 해당 데이터를 메모리에 **저장**하는 과정이 필요하다. 이제 키보드를 통해 입력한 10이라는 데이터는 메모리 공간 어딘가에 올라가 있는 상태다. 메모리 공간 어딘가에 올라간 데이터 위치를 x = 10이라고 표현한다. 다시 말해 전산학에서 x = 10은 10이라는 데이터를 운영 체제가 x라는 메모리 공간의 어떤 영역에 저장했다는 의미다.

만약 y = 20이라고 설정하면 y가 20이라는 의미가 아니라 20이라는 데이터를 운영 체제가 y라는 메모리 공간의 어떤 영역에 저장했다는 의미다. 연이어 x = 10과 y = 20이라고 설정하면 10과 20이라는 두 개의 데이터를 운영 체제에서 각각 x와 y라는 메모리 공간의 어떤 영역에 지정했다는 의미다. 이처럼 수학에서 사용하는 변수의 의미와는 확연히 다름을 알 수 있다.

전산학에 입문하는 단계에서 지금 설명한 내용은 아주 중요하다. 아울러 **수학**에서 사용하는 **x = 10**을 **전산학**에서는 **x == 10**이라고 표현한다.

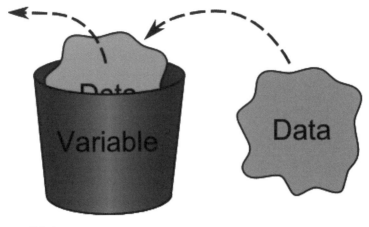

그림 2-1

다시 한 번 정리하자면 수학에서 x = 10은 x가 곧 10이라는 의미이지만 전산학에서
는 10이라는 데이터를 x라는 메모리 공간의 어떤 영역에 저장한다는 의미다. 또한
수학에서 사용하는 x = 10이란 의미를 전산학에서는 x == 10으로 표현한다.

지금 설명한 내용을 터득했다면 예제 2-1과 같은 내용도 이해할 수 있다.

```
x = 10
x = x + 20
```

예제 2-1

수학에서 볼 때 x = x + 20이란 식은 성립할 수가 없다. 그렇지만 전산학에서는 흔하
게 보는 식이다. x라는 메모리 공간의 어떤 영역에 10이라는 데이터를 저장(x = 10)
하고 해당 데이터와 메모리 공간의 어떤 영역에 있는 20이라는 데이터를 더해서 다
시 x라는 메모리 공간에 저장(x = x + 20)한다는 의미다. 이때 10은 x라는 변수를
통해 메모리 공간의 어떤 영역에 있는가를 알 수 있지만 20에는 변수가 없기 때문에
메모리 공간에만 있을 뿐 해당 메모리 공간에 접근할 수 없다. 이와 같이 **변수가 없는
데이터**를 상수constant라고 한다. 만약 상수 20에 y = 20이라고 설정하면 20은 상수가
아닌 변수로 변한다. 전산 분야에 생전 처음 입문하는 입장이라면 많이 생소할 수 있

겠지만 곧 익숙해질 내용이다. 바로 이해할 수 없다면 반복해 읽어보기 바란다.

한편 객체지향에 기반한 파이썬은 모든 데이터 타입을 **객체**로 간주한다. 객체지향 언어에서 객체^{object}란 **현실에 존재하는 사물을 모방한 데이터 타입**이다. 객체라는 명칭을 사용할 뿐 객체의 본질도 결국 데이터이기 때문에 데이터와 객체를 기계적으로 분리할 필요는 없다. 객체를 숫자와 문자열 등과 같은 데이터 타입의 일종으로 간주한다면 그렇게 어려운 개념도 아니다.

사물에는 **정적인 속성**과 **동적인 기능**이 있다. 예를 들자면 밤하늘에 떠있는 달은 일정한 크기를 유지하며 지구 주위를 돈다. 이때 달의 크기는 일정하기 때문에 정적인 속성에 해당하고 달의 자전은 움직이기 때문에 동적인 기능에 해당한다. 사물을 모방한 객체는 **변수**라는 개념을 이용해 달의 크기와 같은 **정적인 속성을 표현**하고 **함수**라는 개념을 이용해 달의 자전과 같은 **동적인 기능을 표현**한다. 다시 말해 TheMoon이라는 객체 타입은 객체의 정적인 속성을 반영한 변수를 TheMoon.size 등과 같이 표현하고 객체의 동적인 기능을 반영한 함수를 TheMoon.round() 등과 같이 **괄호**를 이용해 표현한다. 결론적으로 파이썬에서는 표 2-1에서 제시한 모든 데이터 타입을 객체로 간주한다.

또한 파이썬은 모든 데이터를 객체로 보기 때문에 변수에도 특별한 속성이 있다. finger = TheMoon.size라고 설정할 경우 파이썬은 TheMoon.size라는 데이터를 finger라는 변수에 저장하는 것이 아니라 해당 데이터를 메모리 공간에 올린 뒤 finger라는 변수로 하여금 해당 데이터가 위치한 **메모리 공간의 주소 번지를 가리키게끔** 한다. 즉 finger라는 변수에는 TheMoon.size라는 객체가 위치한 메모리 공간의 주소가 담긴다. **견지망월**^{見指忘月}이라는 말을 기억해 보기 바란다. 이처럼 메모리 공간에 올라간 객체의 위치를 가리키는 변수를 **참조 변수**^{reference variable}라고 하며 참조 변수가 객체의 위치를 가리킬 때 객체를 '**참조한다**'라고 표현한다.

방금 설명한 참조 변수 관점에 따라 해석하자면 예제 2-1에서 예시한 x = 10도 x라는 메모리 공간에 10이라는 데이터를 저장한다는 의미가 아니라 10이라는 숫자 데이터 타입을 메모리 공간의 어떤 영역에 저장한 뒤 x라는 참조 변수로 하여금 10이 위치한 메모리 공간의 어떤 영역을 가리킨다는 의미다. 지금까지 반복해 사용한 **메모리 공간의 어떤 영역**이란 메모리 주소를 의미한다.

이제부터 **파이썬에서 사용하는 모든 변수는 참조 변수**로서 해당 데이터를 저장하는 용도가 아니라 **해당 데이터를 저장한 장소를 지정하는 용도로 사용**한다. 객체와 참조 변수에 대한 개념은 한 번에 이해할 수 있는 내용은 아니다. 그런 만큼 제4장에서 다시 한 번 구체적인 예를 들어 설명하도록 하겠다. 너무 조급하게 생각하지 말기 바란다.

공상 과학 영화 분야에서
기념비적인 작품

대체로 스탠리 쿠브릭^{Stanley Kubrick}의 영화에는 많은 논란과 해석이 난무한다. 그가 다루는 작품의 주제들이 늘 심오하기 때문에 그럴 수도 있고 관객들이 거장이란 권위에 짓눌려 그의 작품들을 오직 예술적 가치로만 보기 때문에 그럴 수도 있다.

〈스페이스 오딧세이^{2001: A Space Odyssey}〉는 관객들에게 찬사와 거부감을 동시에 부여하는 작품이다. 특수 영상과 고전 음악의 조화, 유인원이 공중으로 던진 골각기가 우주선으로 전환하고 인공 지능이 인간에 대항하는 장면 등은 가히 영상 철인^{哲人}다운 발상이다. 그러나 그 장면들에서 전달하고자 하는 감독의 주제는 난해하기 이를 데 없다.

감독의 의도적인 시작인지 DVD 제작사의 편집인지 알 수 없지만 〈스페이스 오딧세이〉의 시작은 수 분 동안 아무런 화면도 없이 그저 음악만 흐른다. 감독의 의도적인 시작이라면 이 부분은 우주 창조 이전의 혼돈을 의미한다.

다음에 이어지는 장면도 인상적이다. 각종 자막(제작사와 영화 제목 등)을 우주에서 솟아오르는 지구의 장면에서 보여 준다. 영화의 시작을 우주와 지구 탄생을 시각적으로 배열한 편집이다. 이때 리하르트 슈트라우스^{Richard Strauss}의 〈짜라투스트라는 이렇게 말했다〉란 곡이 흐른다. 영상과 음악의 조화가 퍽 인상적이다.

영화의 본격적인 시작은 유인원들의 생활이다. 동물과 하등 다를 바 없는 그들의 생활이 별다른 사건의 전개 없이 보여진다.

어느 날 아침 잠에서 깬 유인원들은 자신의 앞에 갑자기 세워진 검은 비석에 놀라 당황한다.

검은 비석은 이후 21세기의 인간들이 목성으로 향하는 이유이기도 하고 영화의 끝에서 다시 등장한다는 점에서 〈스페이스 오딧세이〉의 핵심을 이루는 내용이다. 문제는 갑작스런 검은 비석의 출현은 유인원들의 생활과 관련 지을 때 너무 생뚱맞다는 점이다.

그러다 보니 검은 비석에 대한 해석은 다양할 수밖에 없다. 검은 비석에 대한 무수한 해석 중 필자의 견해는 시간과 공간을 관통하는 불변의 속성에 대한 상징으로 본다. 이는 우주를 지배하는 보편적 원리일 수도 있고 고대부터 이어져오는 불변의 진리일 수도 있다. 유신론자에게는 신을 의미할 수도 있다.

필자의 견해에 동의한다면 결국 〈스페이스 오딧세이〉는 21세기 인간들이 원시 시대로부터 삼라만상을 지배하는 원리(검은 비석)를 탐험하기 위해 목성까지 항해하고 귀환한다는 내용이다. 주인공이 검은 비석 앞에서 최후를 마치는 장면은 여전히 그 원리가 우주와 생명을 지배한다는 내용을 상징한다. 다시 말해 우주든, 생명이든 생성하고 성장하고 쇠퇴하는 과정을 반복하면서 진화한다.

유인원들의 생활 부분에서 인상적이었던 것은 한 유인원이 동물의 뼈를 쥐고 주위의 뼈를 이리저리 두드리는 장면이다. 유인원은 처음에 주위의 뼈들을 툭툭 내려치다 우연히 힘을 주어 내리쳐 본다. 순식간에 뼈가 부서지자 유인원은 더욱 힘을 주어 주위의 뼈들을 내리치기 시작한다. 이 장면들에서 장엄한 음악이 흐른다. 앞에 나왔던 리하르트 슈트라우스의 바로 그 곡이다. 인류가 최초로 골각기를 도구로 사용하던 순간을 극적으로 묘사한 장면이 아닐 수 없다. 감독은 같은 음악을 통해 인류의 도구 사용은 지구의 탄생에 버금가는 사건이란 점을 관객들에게 전한다.

이후 유인원들은 이 골각기를 수렵의 도구이자 전쟁의 도구로서 사용하기 시작한다.

골각기를 통해 전쟁에서 승리한 어떤 유인원이 공중으로 골각기를 던지자 화면은 2001년 우주 공간으로 급히 전환한다. 공중으로 올려진 골각기는 진보하는 인류의 도구 발전 역사를 함축한다. 수 만년 동안 이룩한 도구의 발전사를 일체의 군더더기도 없이 이렇게 간결하게 표현할 수 있다는 점에서 새삼 스탠리 쿠브릭의 예술적 재능을 느끼지 않을 수 없다. 많은 관객과 평론가들이 영화사의 명장면으로 언급하는 부분이다.

우주선에서는 미래의 생활상을 엿볼 수 있다. 장면들 대부분은 오늘날 익숙하게 느껴지는 내용이다. 일례로 주인공이 지구에 남은 가족에게 화상 전화를 이용해 안부를 전하는 장면이 나온다. 오늘날에는 DMB나 영상 통화가 보편적이기 때문에 그런 장면들이 관객들에게는 덤덤하게 전해지겠지만 영화 제작 당시가 1968년이란 점을 고려한다면 실로 놀라운 미래 생활상의 묘사가 아닐 수 없다. 스탠리 쿠브릭이 영화를 제작하면서 얼마나 치밀하게 과학자와 미래학자들의 견해를 반영했는가를 보여주는 장면들이기도 하다.

미국 우주 항공국^{NASA}에서는 유인 우주선 아폴로 9호 발사 계획을 진행하면서 이 영화에서 묘사한 진공 상태의 우주인 등을 철저히 분석했다고 한다.

〈스페이스 오딧세이〉의 주제는 아니지만 관객들이 중요하게 언급하는 내용이 인공 지능의 존재와 인간에 대한 반란이다. 개인적으로 가장 흥미롭게 본 부분이기도 하다.

목성을 향하는 우주선에 우주인 자격으로 탑승한 할(HAL 9000)은 인간이 아닌 인공 지능이다. 그는 손과 발이 있는 기계가 아니다. 그저 머리라고 부를 수 있는 부분만 있다. 그렇다고 고개를 돌릴 수 있는 머리도 아니다. 그러나 할은 인간과 자연스런 대화를 주고 받을 수 있을 뿐만 아니라 우주선의 제어를 담당한다. 할은 자신이 기계라는 점을 잘 안다. 그러나 기계이기 때문에 자신의 사고와 판단은 늘 정확히다고 생각한다. 그야말로 자신에게는 어떤 인간적인 오류가 없다고 확신한다.

우주여행 중인 어느 날 선장 보면^{Bowman}과 승무원 풀^{Poole}은 우주선의 제어와 관련하여 할의 오류를 의심하고 이를 점검하자는 의견을 주고받는다. 할은 대화 중인 두 우주인의 입 모양을 통해 그들이 자신을 의심한다고 생각하고 인간의 지시를 거부하고 임의로 판단하기 시작한다. 인공 지능의 반란이었다. 할의 공격 과정은 섬뜩하다. 손발이 있는 것도 아닌 기계가 제어 명령을 통해 동면 중인 인간들을 살해하고 우주유영space walk에 나선 풀을 제거한다. 기계에 의존하는 인간의 나약성을 상징적으로 보여 주는 장면이기도 하다.

그러나 할도 결국 기계의 한계에 직면하면서 보먼에 의해 제거당한다. 메모리가 빠질 때마다 마치 녹음 테이프가 늘어지는 것과 같은 소리를 내며 죽어가는 할의 최후 장면이 인상적이다. 고도의 도구에도 과연 '인격(인권)'이 있는가라는 의문을 제기할 만한 장면이 아닐 수 없다. 이러한 일련의 과정은 제임스 카메론James Cameron 등과 같은 많은 영화인들에게 영향을 주었다.

〈스페이스 오딧세이〉는 당시성을 고려할 때 실로 획기적인 작품이 아닐 수 없다. 후대의 공상 과학 영화에 미친 영향까지 감안하면 더더욱 그러하다. 그러나 결정적으로 이 영화의 전개 과정은 어느 정도의 인내력을 요구한다. 오늘날 빠른 전개와 첨단 기법으로 무장한 영화에 길들여진 관객들이라면 심한 거부감을 동반할 수 있다.

〈스페이스 오딧세이〉는 영화에 진지한 관객이라면 한 번쯤 보아야 할 필독서와 같은 작품이다. 그러나 성경처럼 늘 가까이에서 반복해 접할 수 있는 작품은 아니다. 한 번쯤은 반드시 봐야 하지만 두 번 다시 보고 싶지 않은 영화가 이른바 저주받은 영화라고 가정한다면 〈스페이스 오딧세이〉는 분명 그런 작품이다.

영화에 일가견이 있다고 스스로 느끼는 사람들이라면 한 번 도전해 보기 바란다.

숫자 데이터 특징과 각종 연산자

숫자는 모든 사람에게 **가장 친숙한 데이터 타입**이다. 마치 전자 계산기calculator에서 숫자를 계산하는 것과 같기 때문이다. 물론 파이썬을 이용하면 전자 계산기보다 더욱 정교하면서도 신속한 처리를 할 수 있다.

파이썬에서 처리하는 숫자 데이터의 종류에는 **정수**integer와 **실수**real number 그리고 **복소수**complex number가 있다. 여기에서는 정수만을 이용하기 때문에 실수나 복소수 등에 대한 구체적인 내용은 생략하겠다. 다시 말해 특별한 언급이 없다면 숫자 데이터는 곧 정수를 의미한다. 이제부터 정수를 기반으로 숫자 데이터 속성을 알아보자.

숫자의 가장 기본적인 기능인 **사칙 연산**elementary arithmetics을 수행해 보겠다. 대화식 모드에서 예제 3-1과 같이 입력한다. 확실히 전자 계산기를 사용하는 기분이다.

```
>>> 20 + 10
30

>>> 20 - 10
```

```
10

>>> 20 * 10
200

>>> 20 / 10
2.0
```

예제 3-1

곱셈과 나눗셈 기호를 각각 * **연산자**와 / **연산자**로 표기한다는 점에만 주목한다면 특별히 설명할 내용은 없다.

그런데 5에서 2를 나누면 어떤 결과가 나올까? 5 = (2 * 2) + 1인 관계이기 때문에 **몫**share이 2이고 **나머지**remainder가 1이다. 파이썬에서는 % **연산자**를 이용해 예제 3-2와 같이 나머지를 빠르게 구할 수 있다.

```
>>> 5 % 2
1
```

예제 3-2

% 부호는 **나머지**를 구하는 **연산자**이다. % 연산자는 **짝수**와 **홀수** 등을 구할 때 자주 사용한다. 기억해 두기 바란다.

파이썬에서 사칙 연산 형태만 수행한다면 파이썬을 군이 학습해야 할 이유가 없다. 전자 계산기만으로도 충분하기 때문이다. 그렇다면 **2를 32번 곱해야 하는 경우**를 보겠다. 전자 계산기에서 이것을 계산하기 위해서는 2를 무려 32번 입력해야 한다. 입력 중 입력 횟수를 놓치면 처음부터 다시 입력해야 한다. 생각보다 번거로운 일이 아닐 수 없다. 더구나 **2를 128번 곱해야 하는 경우**가 생긴다면 무엇인가 특단의 준비가 필요하다. 파이썬의 진가는 이런 경우에 드러난다. 파이썬에서는 2의 32승과 2의 128승을 각각 2 ** 32와 2 ** 128처럼 ** **연산자**를 이용해 입력하면 아주 간단히 계산할 수 있다. 대화식 모드에서 수행한 계산 결과는 예제 3-3과 같다.

```
>>> 2 ** 32
4294967296

>>> 2 ** 128
340282366920938463463374607431768211456
```

예제 3-3

어떤가? 간결하고도 신속한 계산 결과가 놀랍지 않은가! 참고로 2의 32승은 IPv4 주소에서 사용할 수 있는 IP 주소의 개수이고 2의 128승은 IPv6 주소에서 사용할 수 있는 IP 주소의 개수를 의미한다.

비밀번호 등을 암호화하는데 사용하는 AES 보안 알고리즘의 비밀 열쇠 길이에는 128 비트와 192 비트와 256 비트가 있다. 비트가 클수록 비밀번호를 알아낼 확률은 그만큼 적어진다. 128 비트의 AES 보안 알고리즘(AES-128)에서 비밀번호를 알아낼 확률은 $1/2^{128}$이고 192 비트의 AES 보안 알고리즘(AES-192)에서 비밀번호를 알아낼 확률은 $1/2^{192}$이고 256 비트의 AES 보안 알고리즘(AES-256)에서 비밀번호를 알아낼 확률은 $1/2^{256}$이다. 2의 128승을 제외한 나머지는 도대체 얼마만한 크기일까? 파이썬을 이용하면 예제 3-4와 같이 아주 간단하게 확인할 수 있다.

```
>>> 2 ** 192
6277101735386680763835789423207666416102355444464034512896

>>> 2 ** 256
115792089237316195423570985008687907853269984665640564039457584007913129639936
```

예제 3-4

또한 예제 3-4의 결과 값을 기반으로 예제 3-5와 같이 각각 나누어주면 AES 보안 알고리즘에서 비밀번호를 알아낼 확률을 구할 수 있다.

```
>>> 1 / 340282366920938463463374607431768211456
2.938735877055719e-39

>>> 1 / 6277101735386680763835789423207666416102355444464034512896
1.5930919111324523e-58

>>> 1 / 115792089237316195423570985008687907853269984665640564039457584007913129639936
8.636168555094445e-78
```

예제 3-5

그런데 예제 3-5의 출력 결과 중 e-39 또는 e-58 등은 도대체 무엇일까? 당혹스러운 표기가 아닐 수 없다. 이것의 정체를 파악하기 위해 예제 3-6과 같이 입력해본다.

```
>>> 1 / 10
0.1

>>> 1 / 100
0.01

>>> 1 / 1000
0.001

>>> 1 / 10000
0.0001

>>> 1 / 100000
1e-05

1e-05란 곧 0.000010이란 의미다.

>>> 1 / 1000000
1e-06
```

```
1e-06이란 곧 0.000001이란 의미다.

>>> 1 / 10000000
1e-07

1e-07이란 곧 0.0000001이란 의미다.
```

예제 3-6

숫자가 커질수록 소수점 이하 0의 개수도 늘어남을 볼 수 있다. e-78의 정체란 소수점을 포함한 0의 개수다. 이것이 바로 실수를 표현하는 부동 소수점$^{floating\ point}$ 표현 방식이다. 이처럼 AES 보안 알고리즘에서 비밀번호를 알아낼 확률은 사실상 0에 가까움을 확인할 수 있다.

이상으로 숫자 데이터에서 흔히 사용하는 **가감승제 연산자**와 **% 연산자** 그리고 **** 연산자**의 기능을 알아보았다. 숫자 데이터를 처리하는 데 이 정도 연산자면 충분할 듯하다. 참고로 파이썬에서 처리할 수 있는 숫자 데이터 범위는 무제한이다. 물론 CPU **성능**에 따라 **처리 시간이 가변적**일 수 있다.

한편 정수에는 **2진수**^{binary}와 **8진수**^{octal}와 **10진수**^{decimal}와 **16진수**^{hexadecimal}가 있다. 10진수는 일상에서 주로 사용하기 때문에 매우 익숙한 진수다. 이제 10이라는 정수를 기준으로 각각의 진수로 표현해 보겠다.

먼저 함수 사용에 대해 잠시 언급할 필요가 있겠다. 대개 회계 작업을 처리할 때 **엑셀**^{excel} 등과 같은 오피스 프로그램을 많이 사용한다. 이때 반복적인 계산 작업이 많다면 엑셀에서 제공하는 sum() 등과 같은 함수를 사용한다. 파이썬에서 제공하는 함수의 개념도 엑셀에서 제공하는 함수와 다를 바 없다. **파이썬에서 제공하는 함수**를 **기본 함수** 또는 **내장 함수**라고 부른다. 엑셀에서 제공하는 통계 함수나 논리 함수 등도 내장 함수에 해당한다. 파이썬 3.4.3 버전에서 제공하는 내장 함수 print() **함수**와 len() **함수**와 dir() **함수**를 중복 적용해 예제 3-7과 같이 입력해 보면 **내장 함수의 개수**를 확인할 수 있다.

```
>>> print("totals: ", len(dir(__builtins__)))
totals:  148
```

예제 3-7

아직 함수 전반에 대한 개념과 용어를 모르더라도 상관없다. 핵심은 백박스 4.7에서
사용하는 파이썬 내장 함수가 모두 148개 있다는 점이다. 더불어 **내장 함수의 종류**를
보고 싶다면 예제 3-8과 같이 확인할 수 있다(이 부분도 지금 단계에서는 오직 출력 결
과만 보도록 하자).

```
>>> for functions in dir(__builtins__):
...    print(functions, end = " ")
...
ArithmeticError AssertionError AttributeError BaseException BlockingIOError
BrokenPipeError BufferError BytesWarning ChildProcessError Connection
AbortedError ConnectionError ConnectionRefusedError ConnectionResetError
DeprecationWarning EOFError Ellipsis EnvironmentError Exception False
FileExistsError FileNotFoundError FloatingPointError FutureWarning
GeneratorExit IOError ImportError ImportWarning IndentationError IndexError
InterruptedError IsADirectoryError KeyError KeyboardInterrupt LookupError
MemoryError NameError None NotADirectoryError NotImplemented
NotImplementedError OSError OverflowError PendingDeprecationWarning
PermissionError ProcessLookupError ReferenceError ResourceWarning
RuntimeError RuntimeWarning StopIteration SyntaxError SyntaxWarning
SystemError SystemExit TabErr or TimeoutError True TypeError
UnboundLocalError UnicodeDecodeError UnicodeEncodeError UnicodeError
UnicodeTranslateError UnicodeWarning UserWarning ValueError Warning
ZeroDivisionError __build_class__ __ debug__ __doc__ __import__ __
loader__ __name__ __package__ __spec__ abs all any ascii bin bool
bytearray bytes callable chr classmethod ir divmod enumerate eval exec
exit filter float format frozenset getattr globals hasattr hash help
hex id input int isinstance issubclass iter len license list locals
map max memoryview min next object oct open ord pow print property
quit range repr reversed round set setattr slice sorted staticmethod
str sum super tuple type vars zip
```

예제 3-8

출력 결과에서 dir() **함수**와 len() **함수**와 print() **함수** 역시도 내장 함수임을 확인할 수 있다.

앞에서 % 연산자를 이용하면 나머지를 구할 수 있다고 했다. 몫과 나머지를 동시에 구할 수는 없을까? 출력한 내장 함수 중 divmod() 함수를 이용해 divmod(5, 2)처럼 입력만 하면 몫과 나머지를 아주 간단하게 구할 수 있다.

```
>>> divmod(5, 2)
(2, 1)
```

예제 3-9

예제 3-9 출력 결과에서 보는 바와 같이 **5 % 2**를 이용하는 경우와 달리 divmod(5, 2)를 이용하면 몫과 나머지를 각각 2와 1과 같이 동시에 구할 수 있다. 이때 (5, 2) 또는 (2, 1)과 같이 **소괄호**에 의한 형태를 '**튜플**'이라고 이미 표 2-1에서 설명한 적이 있다(제6장에서 자세히 설명하겠다). 반드시 기억해 주기 바란다. 참고로 **내장 함수를 이용하면 사용자의 처리 속도를 향상**시킬 수 있다.

다시 정수로 돌아와 이번에는 bin() **함수**와 oct() **함수**와 hex() **함수**를 이용해 10진수를 2진수와 8진수와 16진수로 각각 변경해 보겠다. 10진수 255가 있을 때 각각의 함수를 이용해 2진수와 8진수와 16진수로 변경한 결과는 예제 3-10과 같다.

```
>>> bin(255)
'0b11111111'

10진수 255를 2진수로 변경

>>> oct(255)
'0o377'

10진수 255를 8진수로 변경

>>> hex(255)
```

```
'0xff'

10진수 255를 16진수로 변경
```

예제 3-10

예제 3-10의 출력 결과에서 보는 바와 같이 bin(255) 처리 결과 중 앞에 붙은 0b는 2
진수라는 표시이기 때문에 10진수 255에 대한 2진수는 11111111이다. 마찬가지로
oct(255) 처리 결과 중 앞에 붙은 0o는 8진수라는 표시이기 때문에 10진수 255에 대
한 8진수는 377이다(숫자 0과 소문자 o를 구분하기 바란다). 마지막으로 hex(255) 역시
도 앞에 붙은 0x는 16진수라는 표시이기 때문에 10진수 255에 대한 16진수는 ff다.

이번에는 반대로 2진수와 8진수와 16진수를 10진수로 변경할 경우 int() 함수를 이용
할 수 있다. 2진수 11111111과 8진수 377과 16진수 ff를 다시 10진수로 변경한 결
과는 예제 3-11과 같다.

```
>>> int("11111111", 2)
255

2진수 11111111을 10진수로 변경

>>> int("377", 8)
255

8진수 377을 10진수로 변경

>>> int("ff", 16)
255

16진수 ff를 10진수로 변경
```

예제 3-11

예제 3-11에서와 같이 int() 함수의 사용은 int("11111111", 2) 또는 int("ff", 16) 등과 같
다. 괄호 두 번째 항목에서 사용한 2 또는 16은 10진수로 변경하기 전에 속했던 진

수를 의미한다. 주의할 점은 괄호 첫 번째 항목에서 "ff" 등과 같이 **단일 인용 부호(')**나 **이중 인용 부호(")**로 처리한 문자열을 사용한다는 점이다. 문자열도 튜플과 마찬가지로 표 2-1에서 설명한 적이 있다.

더불어 10진수를 바이트 순서byte order로 변경하는 함수도 기억해 둘 필요가 있다. 바이트 순서를 엔디안endian 방식이라고도 하는데 엔디안 방식은 **프로그램 분석**(리버스 엔지니어링)이나 TCP/IP 소켓 등을 개발할 때 많이 접하는 내용이다. **바이트 순서(엔디안)란 컴퓨터 메모리 공간에서 여러 개의 연속적인 바이트를 배열하는 방법**을 의미한다.

엔디안 방식은 그림 3-1과 같이 크게 빅 엔디안big endian 방식과 리틀 엔디안little endian 방식으로 나눌 수 있다. 빅 엔디안 방식은 **최상위 바이트**most signficant byte에서부터 데이터를 저장하는 방식으로 Sparc/RISC 계열의 CPU에서 사용한다. 반면 리틀 엔디안 방식은 **최하위 바이트**least significant byte에서부터 데이터를 저장하는 방식으로 **인텔**Intel **계열**의 CPU에서 사용한다.

그림 3-1

빅 엔디안 방식에 따른 10진수 255는 to_bytes() 함수를 통해 예제 3-12와 같이 **1 바이트** 또는 **2 바이트** 크기로 표현할 수 있다.

```
>>> (255).to_bytes(1, byteorder = "big")
b'\xff'

>>> (255).to_bytes(2, byteorder = "big")
b'\x00\xff'
```

예제 3-12

to_bytes() **함수**에서 사용한 1 또는 2와 같은 숫자는 데이터를 표현할 바이트 수를 의미한다. 또한 앞에 붙은 b는 출력 데이터가 **바이트 타입**^{byte type}임을 알려주는 표시다 (바이트 타입은 제4장에서 설명하겠다).

리틀 엔디안 방식에 따른 10진수 255 역시도 to_bytes() **함수**를 통해 예제 3-13과 같이 표현할 수 있다.

```
>>> (255).to_bytes(1, byteorder = "little")
b'\xff'

>>> (255).to_bytes(2, byteorder = "little")
b'\xff\x00'
```

예제 3-13

(255).to_bytes(2, byteorder = "big") 결과와 (255).to_bytes(2, byteorder = "little") 결과를 비교하면 빅 엔디안 방식과 리틀 엔디안 방식에 따른 데이터 표현 방식을 명확히 확인할 수 있다. 10진수 255를 빅 엔디안 방식에 따라 2 바이트로 표현하면 \x00\xff 와 같고, 리틀 엔디안 방식에 따라 2 바이트로 표현하면 \xff\x00과 같다.

이번에는 역으로 from_bytes() **함수**를 통해 바이트 순서를 10진수로 변경할 수 있다. 예제 3-14는 바이트 순서를 10진수로 변경하는 경우다.

```
>>> int.from_bytes(b'\x00\xff', byteorder = "big")
255

빅 엔디안 방식으로 표현한 \x00\xff 값을 10진수로 변경

>>> int.from_bytes(b'\xff\x00', byteorder = "little")
255

리틀 엔디안 방식으로 표현한 \xff\x00 값을 10진수로 변경
```

예제 3-14

엔디안 방식과 관련해 to_bytes() 함수와 from_bytes() 함수를 기억하기 바란다.

지금까지 정수를 이용해 사칙 연산과 진법 전환 그리고 바이트 순서 등을 소개했다. 전자 계산기치곤 무척 매력적이란 생각이 든다. 파이썬에서는 사칙 연산이라는 **산술 연산자** 이외에도 다양한 연산자 등을 제공한다. 각각의 연산자를 확인해 보겠다.

먼저 전산 분야의 기저를 이루는 논리 연산자부터 살펴보자. 논리 연산자는 부울 boolean 연산자라고도 한다. **참**true과 **거짓**false이라는 두 가지 경우의 수를 이용해 AND 연산이나 OR 연산 등을 수행한다. AND **연산**은 **참과 참일 때만 참**을 출력하고 OR **연산**은 **거짓과 거짓일 때만 거짓**을 출력한다. NOT 연산은 참과 거짓을 각각 거짓과 참으로 바꾸어준다. 계산 결과는 예제 3-15와 같다. 이때 **논리 연산자는 반드시 소문자로 입력**해야 한다.

```
>>> False and False
False

>>> False and True
False

>>> True and False
False

>>> True and True
True

>>> False or False
False

>>> False or True
True

>>> True or False
True
```

```
>>> True or True
True
```

예제 3-15

예제 3-15의 출력 결과를 통해 각각의 경우에 따른 논리 연산 결과를 확인할 수 있다. 또한 **참**과 **거짓**은 각각 1과 0을 의미한다. 그렇기 때문에 예제 3-16과 같은 사칙 연산자도 가능하다.

```
>>> 10 + False
10

10 + False = 10 + 0

>>> 10 - False
10

10 - False = 10 - 0

>>> 10 * True
10

10 * True = 10 * 1

>>> True / True
1

True / True = 1 / 1
```

예제 3-16

논리 연산자에 이어 비트 연산자도 확인해 보자.

비트 연산자는 정수에서만 적용이 가능하다. 계산 대상이 **논리 연산자**에서는 True와 False 이지만 비트 연산자에서는 0과 1이라는 점에 유의하도록 한다. 또한 비트 연산자에는 좌측 이동 연산자와 우측 이동 연산자라는 개념이 있다. 이동 연산자를 명확히 이해하기 위해 **바이트 단위 기반의 비트 체계**를 살펴보도록 하자.

표 3-1

2^7	2^6	2^5	2^4	2^3	2^2	2^1	2^0
128	64	32	16	8	4	2	1

표 3-1에 따라 10진수 16을 2진수로 변경하면 0001 0000으로 쓸 수 있다. 0001 0000을 두 비트 좌측으로 이동하면 0100 0000, 곧 10진수 64가 나온다. 이번에는 0001 0000을 두 비트 우측 이동하면 0000 0100, 곧 10진수 4가 나온다. 비트 연산자를 이용한 이동 연산을 수행하면 예제 3-17과 같다.

```
>>> 16 << 2
64

>>> 16 >> 2
4
```

예제 3-17

예제 3-17의 출력 결과에서 보는 바와 같이 16 《 2는 10진수 16을 좌측으로 2비트 이동하라는 의미이고 16 》 22는 10진수 16을 우측으로 2비트 이동하라는 의미이다.

마지막으로 관계 연산자란 **데이터 크기를 비교하기 위한 연산**을 의미한다. 관계 연산자의 종류는 표 3-2와 같다.

표 3-2

사용 일례	의미
A == B	A와 B는 같다
A != B	A와 B는 다르다
A 〉 B	A는 B보다 크다
A 〉= B	A는 B보다 크거나 같다
A 〈 B	A는 B보다 작다
A 〈= B	A는 B보다 작거나 같다

표 3-2에서 특히 A == B 연산자 내용과 A != B 연산자 내용을 유념해 주기 바란다. 표 3-2의 사용 예는 예제 3-18에서 볼 수 있다.

```
>>> 20 > 10
True

>>> x = 10
>>> y = 20

>>> x > y
False

>>> (20 > 10) and (x > y)
False
```

예제 3-18

예제 3-18에서와 같이 관계 연산자의 출력 결과는 True 또는 False로 출력된다. 특히 (20 〉 10) and (x 〉 y)와 같은 경우에는 괄호 안의 **관계 연산자**를 먼저 처리한 뒤 마지막에 **논리 연산자**를 처리한다. 다시 말해 20 〉 10과 x 〉 y를 각각 처리한 결과는 각각 True와 False이고 이제 다시 이 두 개의 True와 False를 and 연산자로 처리하면 예제 3-15에서 본 바와 같이 False를 출력해 준다. **관계 연산자**는 단독으로 사용하기보다는 논리 연산자와 결합해 조건문이나 반복문 등과 같은 제어문에서 자주 사용한다.

정수와 관련해서는 산술 연산자의 **우선 순위**나 **결합 순서** 등에 대한 내용이 있지만 지금까지 소개한 내용만으로도 충분하다. 우선 순위나 결합 순서 등은 해당 내용이 나올 때 필요한 경우에 한해서 소개하겠다.

이상으로 숫자 데이터와 관련한 제반 설명을 마치겠다.

문자열 데이터 특징과 내장 함수

파이썬에서는 **문자열 타입**에 접근할 때 **바이트 타입**까지도 고려해야 한다. **차이점**이라고 한다면 문자열 타입은 **유니코드**^{unicode} 기반이고 바이트 타입은 **아스키 코드**^{ASCII code} 기반이다. 따라서 제4장은 문자열과 바이트로 나누어 설명하겠다.

먼저 문자열에 대한 내용부터 알아보자.

표 2-1에서 문자열 데이터는 인용 부호를 이용해 표현한다고 했다. 다시 말해 **문자열**이란 유니코드에 기반해 **단일 인용 부호**나 **이중 인용 부호** 등을 이용한 **데이터 타입**을 의미한다(취향일 수도 있겠지만 필자는 문자열 데이터를 표현할 때 이중 인용 부호를 사용한다). 따라서 10과 "10"은 본질적으로 동일한 내용이지만 속성이 완전히 다르기 때문에 파이썬에서는 10과 "10"에 대한 처리 방식도 완전히 다르다. 먼저 type() **함수**를 통해 10과 "10"의 차이점을 예제 4-1과 같이 확인해 보자.

```
>>> n = 10
>>> s = "10"
```

```
>>> type(n)
<class 'int'>

10은 정수

>>> type(s)
<class 'str'>

"10"은 문자열
```

예제 4-1

예제 4-1 출력 결과에서 보는 바와 같이 10은 **정수 타입(int)**이고 "10"은 **문자열 타입 (str)**임을 알 수 있다(class라는 표시는 일단 무시하도록 하자). 이때 str( ) 함수와 int( ) 함수를 이용하면 예제 4-2와 같이 데이터 타입을 변경할 수 있다.

```
>>> type(str(n))
<class 'str'>

10을 문자열로 변경

>>> type(int(s))
<class 'int'>

"10"을 정수로 변경
```

예제 4-2

예제 4-2와 같이 정수를 문자열 또는 문자열을 정수로 변경하는 것을 타입 변경^{type conversion}이라고 한다.

이제부터 예제 4-1과 예제 4-2에 기반해 **시퀀스 데이터 타입**으로서 **문자열 데이터의 특징**을 하나씩 확인해 보자.

문자열 데이터에는 **연결과 반복 속성**이 있다. 다시 말해 **덧셈과 곱셈 연산자를 이용**할 수 있다. 사용 예는 예제 4-3과 같다.

```
>>> "Back" + "Box"
'BackBox'

>>> "BackBox " * 2
'BackBox BackBox'
```

예제 4-3

예제 4-3에서와 같이 문자열에 덧셈을 적용하면 연결 기능을 수행하고 곱셈을 적용하면 반복 기능을 수행한다. 주의할 점은 **공백도 문자열**에 해당한다는 것이다.

문자열의 다음 특징은 len() 함수를 이용해 **길이 또는 크기 정보**를 구할 수 있다는 점이다. **참조 변수 ideology**를 len() 함수에 적용해 **문자열의 길이**를 구하면 예제 4-4와 같다.

```
>>> ideology = "Neo Nazism"
>>> len(ideology)
10
```

예제 4-4

예제 4-4에서와 같이 길이 정보는 10이다. **공백을 포함**하기 때문에 9가 아닌 10이다 (Neo와 Nazism 사이에 **공백**이 있다).

문자열의 또 다른 특징은 **아이템 검사**다. Neo Nazism이라는 문자열에서 Nazism 또는 nazism이라는 아이템이 있는가 여부를 예제 4-5와 같이 검색할 수 있다.

```
>>> ideology = "Neo Nazism"

>>> "Nazism" in ideology
True

참조 변수 ideology에서 Nazism이라는 문자열을 검색

>>> "nazism" in ideology
False
```

예제 4-5

예제 4-5에서와 같이 참조 변수 ideology에서 Nazism이라는 문자열을 검색하면 True를 출력하지만 nazism이라는 문자열을 검색하면 False를 출력함을 볼 수 있다. 이와 같이 **아이템 검사**에서는 **대문자와 소문자를 구분**한다. 문서 편집기에서 **수행하는 단어 검색 기능**도 파이썬의 **아이템 검사 기능**을 활용한 일례라고 할 수 있다. 아이템 검사는 **단 문**보다는 **장문**에서 더욱 효과적이다. 예제 4-6을 보도록 하자.

```
>>> BoB = """Band of Brothers is a 2001 British-American war drama
miniseries based on historian Stephen E. Ambrose's 1993 non-fiction
book of the same name. The executive producers were Steven Spielberg
and Tom Hanks, who had collaborated on the 1998 World War II film
Saving Private Ryan. The episodes first aired in 2001 on HBO. The series
won  Emmy and Golden Globe awards in 2001 for best miniseries."""

>>> "Saving Private Ryan" in BoB
True

참조 변수 BoB에서 Saving Private Ryan이라는 문자열을 검색

>>> "101st Airborne Division" in BoB
False

참조 변수 BoB에서 101st Airborne Division이라는 문자열을 검색
```

예제 4-6

예제 4-5와 달리 예제 4-6에서는 장문의 문자열이 나온다. 이런 경우 **삼중 인용 부호** (""")를 사용해 장문을 처리할 수 있다(물론 단문과 장문의 기준은 사용자가 판단한다).

이번에는 **인덱싱과 슬라이싱의 기능**을 통해 **해당 아이템에 접근**하는 방법을 알아보자. 먼 저 예제 4-4에서 설정한 ideology = "Neo Nazism" 부분을 다시 보자. "Neo Nazism" 처럼 문자열이 주어지면 우선 표 4-1과 같은 **문자열 구성**을 생각해야 한다.

표 4-1

전위	0	1	2	3	4	5	6	7	8	9
후위	−10	−9	−8	−7	−6	−5	−4	−3	−2	−1
내용	N	e	o		N	a	z	i	s	m

표 4-1에서 보는 바와 같이 문자열에 부여하는 인덱스에는 전위 인덱스와 후위 인덱스가 있다. **공백도 문자열**에 속하기 때문에 엄연히 3번 또는 -7번 인덱스에 속한 아이템에 해당한다.

표 4-1을 참조한 인덱싱의 사용 예는 예제 4-7과 같다. 직관적인 내용이기 때문에 주어진 사용 예를 통해 금방 이해할 수 있을 듯하다.

```
>>> ideology = "Neo Nazism"
>>> ideology[0]
'N'

전위 인덱스 방식 0번에 해당하는 아이템은 N이다.

>>> ideology[4]
'N'

전위 인덱스 방식 4번에 해당하는 아이템은 N이다.

>>> ideology[3]
' '

전위 인덱스 방식 3번에 해당하는 아이템은 공백이다.

>>> ideology[-7]
' '

후위 인덱스 방식 -7번에 해당하는 아이템은 공백이다.

>>> ideology[6]
```

```
'z'

전위 인덱스 방식 6번에 해당하는 아이템은 z이다.

>>> ideology[-4]
'z'

후위 인덱스 방식 -4번에 해당하는 아이템은 z이다.
```

예제 4-7

예제 4-7에서 보는 바와 같이 주어진 문자열을 대상으로 인덱싱을 적용하면 **철자**에만 접근할 수 있을 뿐 **단어**에는 접근할 수가 없다. 철자가 아닌 단어에 접근하기 위해서는 슬라이싱이 필요하다. 사실 **슬라이싱**은 **인덱싱을 확장한 기능**이라고 할 수 있다. 슬라이싱의 [이상:미만:배수]라는 속성을 이용해 해당 아이템에 접근한다. 예제를 통해 다양한 슬라이싱 사용을 알아보자.

```
>>> ideology = "Neo Nazism"
>>> ideology[::]
'Neo Nazism'
```

예제 4-8

예제 4-8에서와 같이 [::]는 모든 **아이템을 출력**해 준다. 단순히 print(ideology) 문과 같은 기능을 수행한다고 할 수 있겠다.

```
>>> ideology = "Neo Nazism"
>>> ideology[-10:10:]
'Neo Nazism'
```

예제 4-9

예제 4-9에서 보는 바와 같이 [-10:10:]처럼 인덱스 범위를 초과하면 예제 4-8과 같이 모든 아이템을 출력해 준다. -10은 **이상**이라는 의미이고 10은 **미만**이라는 의미다. 10 미만이기 때문에 9번째까지를 의미한다.

```
>>> ideology = "Neo Nazism"
>>> ideology[0:3:]
'Neo'

>>> ideology[0:3]
'Neo'
```

예제 4-10

예제 4-10의 경우에는 0번 인덱스에서 2번 아이템까지 출력해 준다. 다시 말해 [0:3:]에서 3번 인덱스 **이하**가 아닌, 3번 인덱스 **미만**이란 의미이기 때문에 3번 인덱스에 해당하는 공백 문자열이 빠진다. 또한 ideology[0:3:]은 ideology[0:3]과 같이 입력해도 같은 출력 결과를 얻을 수 있다. 이처럼 슬라이싱은 이상과 미만의 범위만으로도 원하는 단어에 접근해 해당 단어를 출력할 수 있다.

```
>>> ideology = "Neo Nazism"
>>> ideology[0:5:2]
'NoN'
```

예제 4-11

예제 4-11의 경우에는 0번 인덱스에서 4번 인덱스까지 참조해 **2의 배수**에 해당하는 아이템만을 출력해 준다.

인덱싱과 비교해 슬라이싱은 입문자에게는 생소할 수 있다. 예제 4-8부터 예제 4-11까지 제시한 예를 반복해 익히기 바란다. 특히 **이하가 아닌 미만**이란 점에 실수가 없도록 하자.

시퀀스 데이터 타입으로서 문자열의 특성에 이어 문자열에서 제공하는 **주요한 내장 함수의 기능**을 알아보겠다.

```
>>> ideology = "neo nazism"
>>> ideology.upper()
NEO NAZISM
```

예제 4-12

예제 4-12에서 보는 바와 같이 upper() **함수**는 주어진 문자열을 모두 **대문자**로 변경하는 기능을 수행한다. 이때 ideology.upper() 형식은 제2장에서 객체를 설명하면서 예로 들었던 TheMoon.round() 형식과 동일함을 알 수 있다. 파이썬에서는 **문자열도 객체로 간주**하기 때문이다.

```
>>> ideology = "NEO NAZISM"

>>> ideology.lower()
neo nazism

>>> ideology.lower().upper()
NEO NAZISM
```

예제 4-13

예제 4-13에서 보는 바와 같이 lower() **함수**는 upper() **함수**와 반대 기능을 수행한다. 이때 ideology.lower().upper() 문과 같이 주어지면 원래의 상태로 돌아옴을 알 수 있다. 문자열에 lower() **함수**를 적용한 뒤 해당 결과에 다시 upper() **함수**를 적용했기 때문이다.

```
>>> ideology = "Neo Nazism"
>>> ideology.replace("Neo", "No")
No Nazism

>>> print(ideology)
Neo Nazism
```

예제 4-14

예제 4-14에서 보는 바와 같이 replace() **함수**는 Neo라는 문자열을 No라는 문자열로 변경할 수 있다. 그러나 마지막 print(ideology) 문에서 확인할 수 있는 바와 같이 Neo Nazism이라는 **문자열 자체**는 **불변**이다. 다시 말해 사본을 변경해도 원본에는 영향이 없는 것과 마찬가지로 문자열에 다양한 함수를 적용해 문자열을 변경해 출력할 수는 있어도 문자열 자체를 변경할 수는 없다. 이런 점 때문에 **문자열**을 **상수**에 비유할 수 있겠다.

```
>>> ideology = "Neo Nazism"
>>> ideology.split()
['Neo', 'Nazism']
```

예제 4-15

예제 4-15에서 보는 바와 같이 split() 함수는 Neo라는 문자열과 Nazism이라는 **문자열 사이에 있는 공백에 따라** 두 개의 문자열로 **분리**한다. 이때 ['Neo', 'Nazism']과 같이 **해당 문자열에서 공백을 제거한 뒤 대괄호를 이용해 출력**하는데 이러한 데이터 타입을 **리스트**라고 표 2-1에서 설명한 바 있다. 파이썬에서 중요하게 취급하는 데이터 타입인 만큼 리스트 형식을 잘 기억하기 바란다(제5장에서 리스트의 특징을 자세히 설명하겠다).

```
>>> ideology = " Neo Nazism "
>>> ideology.strip()
Neo Nazism
```

예제 4-16

예제 4-16에서 보는 바와 같이 strip() 함수는 주어진 **문자열의 좌우 공백을 제거하는 기**능을 수행한다. split() 함수가 주어진 **문자열 사이에 있는 공백을 제거**하지만 strip() 함수는 주어진 **문자열 좌우에 있는 공백을 제거**한다. 착오가 없기 바란다.

예제 4-17처럼 장문이 주어질 경우 특정 단어의 개수를 구할 수도 있다.

```
>>> BoB = """"Band of Brothers is a 2001 British-American war drama
miniseries based on historian Stephen E. Ambrose's 1993 non-fiction
book of the same name. The executive producers were Steven Spielberg
and Tom Hanks, who had collaborated on the 1998 World War II film
Saving Private Ryan. The episodes first aired in 2001 on HBO. The
series won Emmy and Golden Globe awards in 2001 for best miniseries."""
```

```
>>> BoB.count("2001")
3
```

장문에 2001이란 문자열이 총 3번 있다는 의미

예제 4-17

예제 4-17에서 보는 바와 같이 count() 함수는 **특정한 문자열의 개수를 구하는 기능**을 수행한다. 이때 2001을 숫자가 아닌 **문자열**로 간주한다는 점에 주의하기 바란다. **삼중 인용 부호** 안에 있는 모든 것은 **문자열**이기 때문이다.

끝으로 제2장에서 설명한 객체와 참조 변수 내용을 다시 한 번 설명하고 문자열 데이터 특징에 대한 설명을 마무리하겠다.

예제 4-18과 같이 순서대로 하나씩 입력한다. 이제부터 **메모리 공간**을 하늘[sky], **참조 변수** f1과 f2를 **손가락**[finger,] 객체 k1과 k2를 **연**[kite]으로 간주해 주기 바란다.

```
>>> f1 = "k1"
>>> f2 = "k2"
```

위의 문을 입력하면 운영 체제는 메모리 공간에 k1과 k2라는 문자열 객체 두 개를 올리며 f1 참조 변수와 f2 참조 변수는 해당 문자열 객체가 위치한 메모리 공간의 어떤 영역을 참조한다. 다시 말해 하늘에 k1 연과 k2 연을 올린 뒤 f1 손가락이 k1 연을 가리키고 f2 손가락이 k2 연을 가리키는 상황에 비유할 수 있다. k1이라는 문자열 객체와 k2라는 문자열 객체에 대한 고유한 식별자를 확인하기 위해 **id( )** **함수**를 다음과 같이 적용한다.

```
>>> id(f1)
3070732160
```

k1이라는 문자열 객체에 대한 식별자를 출력한다.

```
>>> id(f2)
3070732256
```

k2라는 문자열 객체에 대한 식별자를 출력한다.

출력 결과는 3070732160과 3070732256처럼 나온다. 서로 다른 문자열 객체라는 의미다. 다시 말해 k1 연과 k2 연을 서로 다른 연으로 인식한다는 의미다. 이어서 다음과 같이 **is** 문을 이용해 두 개의 참조 변수가 참조하는 문자열 객체의 동일성 여부를 확인한다.

```
>>> f1 is f2
False
```

id( ) 함수를 이용해 문자열 객체에 대한 고유한 식별자를 출력했을 때도 서로 다른 값이었기 때문에
출력 문자열 객체의 동일성 여부 결과 역시도 False와 같다. 각각의 참조 변수가 가리키는 대상이 다
르다는 의미다. 다시 말해 f1 손가락이 가리키는 k1 연과 f2 손가락이 가리키는 k2 연은 서로 다
르다. k2 연을 가리키던 f2 손가락이 k1 연을 가리키게 변경해 보겠다. 다음과 같이 입력한다.

```
>>> f2 = f1
```

f2 참조 변수가 k1 문자열 객체를 참조한다. 다시 말해 **f1 손가락과 f2 손가락 모두 k1 연을 가리
키는 상황**이고 동시에 k2 연은 자신을 가리키는 손가락이 없기 때문에 하늘에서 연을 내려야 하는
상황(**쓰레기 수집 대상**으로 전락한 상황)이다. 다시 한 번 다음과 같이 객체에 대한 고유한 식별자를
확인해 보자.

```
>>> id(f1)
3070732160
```

```
>>> id(f2)
3070732160
```

두 개의 출력 결과는 당연히 **3070732160**이다. f2 참조 변수도 f1 참조 변수처럼 k1이라는 문자
열 객체를 참조하기 때문이다. 동일한 대상을 참조하기 때문에 다음과 같은 결과가 나온다.

```
>>> f1 is f2
True
```

```
>>> f2 == f1
True
```

출력 결과는 이제 False가 아닌 True다. f1 참조 변수와 f2 참조 변수 모두 동일한 문자열 객
체를 참조하기 때문이다. 다시 말해 f1 손가락과 f2 손가락 모두 k1 연을 가리키는 상황이다. 또
한 **f1 is f2**는 동일한 대상을 참조하는가 여부를 확인하겠다는 의미이고 **f2 == f1**은 참조하는
대상 자체가 동일한가 여부를 비교하겠다는 의미다. = 기호가 수학적 의미로서 등호에 해당한다. 이
제 참조 변수 f1을 다음과 같이 삭제해 보자.

```
>>> del f1

>>> id(f1)
Traceback (most recent call last):
File "<stdin>", line 1, in <module>
NameError: name 'f1' is not defined

>>> id(f2)
3070732160
```

del f1 문은 f1 참조 변수를 삭제하겠다는 의미다. 살벌한 비유지만 k1 연을 가리키던 f1 손가락을 잘랐다는 의미다. f1 손가락이 없는 상태에서 id(f1)처럼 f1 손가락이 가리키는 내용을 구하려고 하니깐 **NameError**처럼 오류가 일어날 수밖에 없다. 그렇지만 f1 참조 변수를 삭제했다고 하더라도 f2 참조 변수는 k1이라는 문자열 객체를 계속 참조하기 때문에 출력 결과는 여전히 **3070732160**과 같다.

예제 4-18

참고로 자바 등에서는 int f1 = k1처럼 참조 변수를 선언(설정)할 때 int와 같이 객체의 데이터 타입을 명시해야 하지만 파이썬에서는 참조 변수만 선언하면 이후 객체에 대한 데이터 타입을 자동으로 할당해 준다. 예를 들면 x = 10일 경우 참조 변수의 속성은 숫자이고 x = "socket"일 경우 참조 변수의 속성은 문자열이다. 이것이 파이썬의 장점으로 언급했던 **동적 데이터 타입**이다.

이제 **바이트 타입**에 대해 알아보자.

이미 예제 3-12에서 **to_bytes() 함수**를 이용해 10진수를 엔디안 방식으로 변경하면서 바이트 타입을 본 적이 있다. **바이트 타입**은 **아스키 코드 기반으로 0~255 사이의 코드열**로 이루어졌다. 또한 문자열 타입과 달리 바이트 타입은 문자열 앞에 b가 붙는다.

예제 4-19와 같이 문자열 타입과 바이트 타입을 비교해 보자.

```
>>> x = "Python3"
>>> type(x)
```

```
<class 'str'>
>>> x
'Python3'

>>> y = b"Python3"
>>> type(y)
<class 'bytes'>
>>> y
b'Python3'
```

문자열 타입에서는 **"Python3"**과 같이 표기하지만 바이트 타입에서는 **b"Python3"**과 같이 표기한다.

예제 4-19

문자열 타입과 바이트 타입은 encode() 함수와 decode() 함수를 이용해 예제 4-20과 같이 데이터 타입을 상호 변경할 수 있다.

```
>>> x = "Python3"
>>> x = x.encode()
>>> type(x)
<class 'bytes'>
>>> x
b'Python3'

문자열 타입을 바이트 타입으로 변경

>>> y = b"Python3"
>>> y= y.decode()
>>> type(y)
<class 'str'>
>>> y
'Python3'

바이트 타입을 문자열 타입으로 변경
```

예제 4-20

예제 4-20에서 decode() 함수의 기본 설정은 utf-8이다. 다시 말해 decode ("utf-8")과 동일하다. 이러한 사실은 1 바이트 크기의 utf-8 유니코드는 1 바이트 크기의 **아스키 코드와 호환**이 가능하다는 의미이기도 하다. 만약 2 바이트 크기의 utf-16 유니코드로 설정하면 어떤 결과를 얻을까? 예제 4-21을 통해 확인해 보자.

```
>>> y = b"Python3"
>>> y = y.decode("utf-8")
>>> y
'Python3'


1 바이트 크기의 아스키 코드와 1 바이트 크기의 utf-8 유니코드의 호환 가능


>>> y = b"Python3"
>>> y = y.decode("utf-16")
Traceback (most recent call last):
File "<stdin>", line 1, in <module>
UnicodeDecodeError: 'utf-16-le' codec can't decode byte 0x33 in
position 6: truncated data


1 바이트 크기의 아스키 코드와 2 바이트 크기의 utf-16 유니코드의 호환 불가능
```

예제 4-21

예제 4-21의 내용을 기억하기 바란다.

예제 4-14처럼 문자열 타입은 상수의 개념이기 때문에 문자 자체를 변경할 수 없는 것과 마찬가지로 바이트 타입 역시도 문자 자체를 변경할 수 없다. 이런 경우 바이트 배열$^{byte\ array}$로 변경하면 문자 내용을 바꿀 수 있다. 바이트 배열은 바이트 값을 저장하는 **일종의 버퍼 객체**에 해당한다. 바이트 배열의 사용은 예제 4-22와 같다.

```
>>> s = b"facebook"


facebook이라는 바이트 타입을 설정
```

```
>>> type(s)
<class 'bytes'>
```

바이트 타입임을 확인

```
>>> s
b'facebook'
```

바이트 타입 설정 내용 출력

```
>>> s = bytearray(s)
```

bytearray( ) 함수를 이용해 바이트 타입에서 바이트 배열로 변경

```
>>> type(s)
<class 'bytearray'>
```

바이트 배열임을 확인

```
>>> s[0] = ord("F")
```

ord( ) 함수를 이용해 facebook에서 **0**번 인덱스에 해당하는 **소문자 f**를 대문자 **F**로 변경

```
>>> s
bytearray(b'Facebook')
```

바이트 배열 변경 내용 출력

```
>>> s = bytes(s)
```

다시 바이트 배열을 바이트 타입으로 변경

```
>>> type(s)
<class 'bytes'>

>>> s
```

예제 4-22

정리하자면 바이트 타입과 바이트 배열은 아스키 코드 기반으로서 **바이트 타입**이 **상수**와 같은 속성이라면 **바이트 배열**은 **변수**와 같은 속성이라고 할 수 있다. 아울러 제2장에서 설명한 **바이트 순서와 바이트 배열은 완전히 다른 개념**이다. 혼동이 없기 바란다.

아울러 **문자열 타입과 바이트 타입의 변경** 등은 **소켓 분야** 등에서 데이터 송·수신하는 과정을 구현하면서 send() **함수** 또는 recv() **함수**와 결합해 빈번하게 사용하는 만큼 반드시 기억해두기 바란다.

이상으로 문자열 데이터와 관련한 설명을 마치겠다.

개인 정보란 은밀한 사생활이 담긴 흔적

개인 정보란 결국 자기 자신에 대한 인적 사항이며 은밀한 사생활이 담긴 흔적이기도 하다.

우연히 타인에게 넘어간 자신의 개인 정보는 어느 순간 수증기가 결빙으로 나타나는 것처럼 전라의 모습으로 자신에게 다가올 수도 있다. 처음 만난 사람과 주고받은 명함에 나타난 자신의 고유한 식별 정보는 구글 사이트의 검색 대상일 수밖에 없다. 누군가는 무심코 내다 버린 명함을 습득해 당신 주위를 포위해 들어갈 수 있다. 명함에는 자신만을 구분하기 위한 고유한 식별자가 많기 때문에 구글에서 제공하는 검색 서비스 기능과 각종 부가 서비스 기능을 이용해 접근 대상자의 은밀한 사생활을 추적할 수 있다.

1981년 최인호의 『적도의 꽃』이란 소설을 원작으로 한 배창호 감독의 영화 〈적도의 꽃〉은 바로 이러한 상황을 단적으로 묘사한 작품이다. 물론 1980년대를 배경으로 한 작품인 만큼 사이버 공간에서 횡행하는 개인 정보 유출과는 무관할 수 있겠지만 개인 정보에 근거한 스토커의 모습은 이전이나 지금이나 별반 다를 바 없다. 〈적도의 꽃〉은 사이버 개념이 미처 정립되기도 전에 개봉한 영화이지만 마치 오늘날을 예견한 작품처럼 보일 정도다.

영화의 주인공은 M(안성기). 그는 부모에게 생활비를 받아 사는 백수다. 그의 일상 대부분은 그저 자신의 아파트 인근을 배회하며 사진을 찍는 일이다.

어느 날 그의 눈에 자신의 아파트 동으로 이사 오는 사람이 눈에 들어온다. 무심코 들이댄 카메라 안에 미모의 여인(장미희)이 잡힌다. M의 마음이 흔들리기 시작한다. 마침내 M은 맞은편 아파트 같은 층에 이사온 여인의 일상을 추적하기로 결심한다.

이후 영화에서 M이 여인의 일상을 추적하는 장면이 매우 구체적이고도 사실적으로 그려진다. 먼저 M은 망원 렌즈를 부착한 카메라를 자신의 베란다에 고정시켜 놓고 틈날 때마다 그 여인의 베란다를 감시하기 시작한다. M은 그 여인의 기상 시간과 취침 시간을 감시하는 과정에서 그 여인 역시도 자신과 같이 특별한 직업이 없다는 것을 알아낸다. 어느 날 밤 그 여인의 방으로 들어가는 중년 남자를 카메라 망원 렌즈를 통해 포착한다. 다시 2시간 뒤 여인의 방을 나가는 중년 남자의 모습을 통해 M은 여인의 정체를 어느 정도 짐작한다.

여인에 대한 M의 집착은 더욱 강해지면서 그 여인을 미행하기에 이른다. 그 여인이 친구와 찻집에서 만나 이야기하는 것을 몰래 듣던 중 여인의 이름이 오선영이고 그녀의 가정사·연령·생일·전화 번호 등을 알아낸다. M은 선영에게 다가갈 중요한 정보를 거의 다 획득한 셈이다. 선영이 친구와 주고받은 대화에서 취득한 신상 정보를 조합해 그녀의 정체와 일상 등을 완전히 파악한 M은 이후 전화를 이용해 그녀에게 자신의 존재를 지속적으로 각인시킨다. 그때부터 그녀의 평온했던 일상은 서서히 깨지기 시작하고 마침내 정체를 알 수 없는 M에 의해 선영의 인생은 파국으로 치닫는다.

〈적도의 꽃〉을 상영할 당시보다 요즘과 같이 구글 검색이 자연스럽게 자리 잡고 SNS가 일상화된 시점에서 특정 개인의 신상 정보를 수집하는 일이 더욱 쉬워졌다. 힘들게 미행하는 과정이 없어도 인터넷 접속만을 통해 관련 정보를 이리저리 검색하고 조합해 특정 개인의 신원과 동선 등을 완성시킬 수 있다.

2013년 7월 10일 오후 9시 10분경 광주에 살던 30대 남성이 부산에 살던 30대 여성을 살해한 사건이 있었다. 남성과 여성은 한 번도 만난 적이 없었다. 그들은 단지 온라인 교류를 통해 서로의 존재를 인식했을 뿐이다. 그런데 이 둘 사이에 정치적 의

견이 틀어지면서 남자는 여자를 살해하기로 결심했다. 범행이 있기 며칠 전 부산에 온 남자는 그녀의 자택까지 답사를 했고 자택을 나오는 그녀를 흉기로 살해했다. 남자가 여자를 살해하는데 필요한 정보는 이전부터 그녀와 인터넷에서 주고받았던 일상적이고 파편적인 신상 정보를 조합해 취득했다.

우리는 지금 인터넷 공간에서 빈번하게 개인 정보를 노출시키고 있다. 그리고 그에 따른 재앙도 위에서 예를 든 살인 사건처럼 현실에서 이미 드러난 바 있다.

원래 〈적도의 꽃〉은 도시 문명과 군중에 매몰당한 인간성 상실과 소외감 등을 주제로 한 소설이며 영화였지만 영화 전개 과정에서 보여 주는 다양한 감시와 미행 과정을 보면 〈적도의 꽃〉을 개인 정보 보호와 사회 공학 관점에 따라 충분히 재해석해 볼 가치가 있다.

리스트 데이터 특징과 내장 함수

표 2-1에서 리스트 데이터는 **대괄호**를 이용해 표현한다고 했다. 또한 리스트 데이터는 문자열 데이터와 마찬가지로 **시퀀스 데이터 타입**이기 때문에 대괄호 안에 있는 각각의 데이터를 **아이템**이라고 부르며 각 아이템마다 **인덱스**를 부여해 해당 아이템에 접근할 수 있다. 먼저 리스트 데이터의 다양한 형식을 확인해 보자.

```
>>> list1 = [10, 20, 30]
>>> type(list1)
<class 'list'>

모든 아이템이 숫자로만 이루어진 리스트

>>> list2 = ["Spitfire", "Mustang", "Yak"]
>>> type(list2)
<class 'list'>

모든 아이템이 문자열로만 이루어진 리스트
```

```
>>> list3 = [10, "Spitfire", 20, "Mustang", 30, "Yak"]
>>> type(list3)
<class 'list'>

아이템이 숫자와 문자열로 이루어진 리스트

>>> list4 = [10, 20, 30, list2]
>>> type(list4)
<class 'list'>

리스트 안에 또 다른 리스트가 있는 경우

>>> list5 = []
>>> type(list5)
<class 'list'>

아이템이 없는 경우
```

예제 5-1

예제 5-1에서 보는 바와 같이 다양한 형식의 리스트 데이터를 볼 수 있다. 특히 list4
와 같은 형식을 중첩 리스트nested lists라고 하며 list5와 같이 아이템이 없는 공백 리스
트도 가능하다는 것에 주목할 필요가 있다. 또한 시퀀스 데이터 타입으로서 문자열
과 리스트에는 표 5-1과 같은 차이점도 있다.

표 5-1

데이터 타입	데이터 저장 방식	아이템 변경 여부	접근 방식
문자열	리터럴	불가	시퀀스
리스트	컨테이너	가능	시퀀스

리터럴literal이란 a = 10 또는 b = "android" 등과 같이 **한 개의 참조 변수에 오직 한 개
의 객체를 저장**하는 방식인 반면 컨테이너container란 예제 5-1과 같이 **한 개의 참조 변수
에 두 개 이상의 객체를 저장**하는 방식이다.

예제 5-1과 표 5-1에 기반해 **시퀀스 데이터 타입으로서 리스트 데이터의 특징**을 하나씩 확인해 보자. 먼저 리스트 데이터에도 문자열 데이터와 같은 **연결과 반복 속성**이 있다. 사용 예는 예제 5-2와 같다.

```
>>> list = [10, 20, 30]

>>> list + list
[10, 20, 30, 10, 20, 30]

>>> list * 2
[10, 20, 30, 10, 20, 30]
```

예제 5-2

예제 5-2에서와 같이 리스트와 리스트에 **덧셈 연산자**를 적용하면 두 개의 리스트를 **결합**하고 **곱셈 연산자**를 적용하면 두 개의 리스트를 **반복**한다.

리스트의 다음 특징은 len() 함수를 이용해 **길이 또는 크기 정보**를 구할 수 있다는 점이다.

```
>>> list = ["Spitfire", "Mustang", "Yak"]
>>> len(list)
3
```

예제 5-3

예제 5-3 결과를 보면 알 수 있는 것처럼 len() 함수를 적용하면 사실상 리스트 데이터의 **아이템 개수**를 출력해 준다.

리스트의 또 다른 특징은 **아이템 검사**다.

```
>>> fighter = ["Spitfire", "Mustang", "Yak"]
>>> "Bf109" in fighter
False
```

예제 5-4

예제 4-5와 예제 5-4를 비교해 보면 큰 차이가 없음을 알 수 있다.

이번에는 **인덱싱**과 **슬라이싱**의 기능을 통해 해당 아이템에 접근하는 방법을 알아보자.

```
>>> android = []
>>> android.extend(["marshmallow", "lollipop", "kitkat"])

extend( ) 함수를 이용해 각각의 문자열 아이템을 추가

>>> print(android[1])
lollipop

1번 인덱스에 해당하는 아이템을 참조해 출력

>>> print(android.index("kitkat"))
2

index( ) 함수를 이용하면 아이템에 해당하는 인덱스 참조도 가능
```

예제 5-5

예제 5-5에서와 같이 **공백 리스트**를 생성한 뒤 extend() 함수를 이용해 **각각의 문자열 아이템을 추가**한다. 이때 marshmallow와 lollipop과 kitkat의 인덱스는 각각 0과 1과 2다. 문자열에서는 철자를 아이템으로 처리하지만 **리스트**에서는 **문자열이 아이템**이다. 또한 index() 함수를 이용하면 해당 아이템에 해당하는 인덱스 참조도 가능하다.

한편 **문자열**은 **리터럴** 방식이기 때문에 **아이템 변경**이 **불가능**하지만 **리스트**는 **컨테이너** 방식이기 때문에 **아이템 변경**이 **가능**하다고 표 5-1에서 이미 설명했다. 이러한 내용을 예제 5-6에서 확인해 보겠다.

```
>>> ideology = "Neo Nazism"
>>> ideology[2] = "w"
Traceback (most recent call last):
File "<stdin>", line 1, in <module>
```

```
TypeError: 'str' object does not support item assignment

문자열에서는 인덱싱을 이용한 아이템 변경이 불가능

>>> ideology = ["Neo", "Nazism"]
>>> ideology[0] = "New"
>>> print(ideology)
['New', 'Nazism']

>>> ideology[0] = "No"
>>> print(ideology)
['No', 'Nazism']

리스트에서는 인덱싱을 이용한 아이템 변경이 가능
```

예제 5-6

예제 5-6에서 보는 바와 같이 **문자열 참조 변수 ideology**에서는 인덱스 2번에 해당하는 o라는 철자를 w라는 철자로 변경할 수 없지만 **리스트 참조 변수 ideology**에서는 인덱스 0번에 해당하는 Neo라는 단어를 New라는 단어뿐 아니라 No라는 단어로도 변경할 수 있다.

또한 예제 5-7과 같은 방법으로도 수행할 수 있다.

```
>>> numbers = [1, 12, 123, 1000, 12345]

>>> numbers[3] = numbers[3] + 234

>>> print(numbers)
[1, 12, 123, 1234, 12345]
```

예제 5-7

예제 5-7에서와 같이 numbers[3]에 해당하는 객체는 바로 1000이다. 여기에 234라는 객체를 더하겠다는 의미다.

슬라이싱을 이용해서도 아이템을 변경할 수 있다. 슬라이싱을 이용할 경우에는 언제나 **이하**가 아닌 **미만**이라는 점을 상기해야 한다.

```
>>> numbers = [1, 12, 100, 1000, 12345]

>>> numbers[2:4] = [123, 1234]

2번 인덱스 이상부터 4번 인덱스 미만에 해당하는 아이템을 기존의 100과 1000에서
123과 1234로 변경

>>> print(numbers)
[1, 12, 123, 1234, 12345]

변경 내용 출력

>>> numbers[0:2] = []

0번 인덱스 이상부터 2번 인덱스 미만에 해당하는 아이템을 공백 처리

>>> print(numbers)
[123, 1234, 12345]

변경 내용 출력
```

예제 5-8

아이템을 삭제할 경우에는 예제 5-9와 같다.

```
>>> fighter = ["Spitfire", "Mustang", "Yak"]
>>> print(fighter)
['Spitfire', 'Mustang', 'Yak']

>>> del fighter [2]

2번 인덱스 삭제
```

```
>>> print(fighter)
['Spitfire', 'Mustang']
```

예제 5-9

예제 5-1에서 리스트 안에 또 다른 리스트를 포함할 경우 **중첩 리스트**라고 설명했다. 이번에는 **중첩 리스트 구조에서 슬라이싱을 적용**해 보겠다.

```
>>> numbers = [100, [10, 20, 30], 300]
>>> print(numbers.index([10, 20, 30]))
1

numbers 리스트에서 [10, 20, 30]은 리스트가 아닌 단지 아이템일 뿐이다.

>>> print(numbers[1])
[10, 20, 30]

>>> print(numbers[1][1])
20

1번 아이템인 [10, 20, 30]에 접근한 뒤 [10, 20, 30]에서 다시 1번 아이템을 참조하겠다
는 의미

>>> numbers[1][1] = 200

기존의 [10, 20, 30] 아이템을 [10, 200, 30] 아이템으로 변경하겠다는 의미

>>> print(numbers[1][1])
200

>>> print(numbers)
[100, [10, 200, 30], 300]

>>> numbers[1] = 200

기존의 [10, 200, 30] 아이템을 단순히 200 아이템으로 변경하겠다는 의미
```

```
>>> print(numbers)
[100, 200, 300]
```

예제 5-10

다른 예제와 달리 예제 5-10에서는 중첩 리스트 구조에서 슬라이싱을 사용했기 때
문에 세심하게 확인해 볼 필요가 있다.

예제 5-5에서부터 예제 5-10까지 리스트 데이터에서 인덱싱과 슬라이싱 기능을 확
인해 보았다. 이제 **리스트에서 사용하는 주요한 내장 함수의 기능**을 알아보겠다.

```
>>> fighter = ["Spitfire", "Mustang"]
```

두 개의 문자열로 이루어진 리스트를 생성한다.

```
>>> print(fighter)
['Spitfire', 'Mustang']
```

```
>>> fighter.append("Yak")
```

append() 함수를 이용해 Mustang 문자열 뒤에 Yak이라는 문자열을 삽입한다. 이것을 스택 방식
에 따른 삽입이라고 한다.

```
>>> print(fighter)
['Spitfire', 'Mustang', 'Yak']
```

```
>>> fighter.insert(3, "Bf109")
```

append() 함수와 달리 **insert()** 함수를 이용하면 사용자가 원하는 인덱스 위치에 아이템을 삽
입할 수 있다. 여기에서는 3번째 인덱스에 Bf109라는 문자열을 삽입하겠다는 의미다.

```
>>> print(fighter)
['Spitfire', 'Mustang', 'Yak', 'Bf109']
```

```
>>> fighter.remove("Yak")
```

```
remove() 함수를 이용해 해당 아이템을 삭제

>>> print(fighter)
['Spitfire', 'Mustang', 'Bf109']

>>> fighter.pop()
'Bf109'
```

pop() 함수는 remove() 함수처럼 삭제할 특정 아이템이 없어도 맨 마지막에 있는 아이템을 삭제한다. 이것을 스택 방식에 따른 삭제라고 하며 append() 함수와 쌍을 이룬다.

```
>>> print(fighter)
['Spitfire', 'Mustang']
```

예제 5-11

예제 5-11에서 보는 바와 같이 리스트의 내장 함수를 이용해 **스택 방식에 따른 삽입과 삭제를 확인**했다. 다시 말해 append() 함수를 통해 **스택 방식에 따른 삽입을 구현**하고 pop() 함수를 통해 **스택 방식에 따른 삭제를 구현**한다.

이어 정렬도 확인해 보자.

```
>>> fighter = ["Spitfire", "Mustang", "Yak"]
>>> fighter.sort()
>>> print(fighter)
['Mustang', 'Spitfire', 'Yak']
```

sort() 함수를 이용하면 알파벳 순서에 따라 정렬한다.

```
>>> fighter = ["Spitfire", "Mustang", "Yak"]
>>> sorted(fighter)
['Mustang', 'Spitfire', 'Yak']
```

sort() 함수에는 반환 값이 없지만 sorted() 함수에는 반환 값이 있다. 그렇기 때문에 print() 함수가 없어도 결과를 바로 출력할 수 있다.

```
>>> fighter = ["Spitfire", "Mustang", "Yak"]
>>> fighter.reverse()
>>> print(fighter)
['Yak', 'Mustang', 'Spitfire']
```

reverse( ) 함수를 이용하면 단순히 아이템의 위치를 반대로 정렬한다. 알파벳 순서와는 무관하다.

```
>>> fighter = ["Spitfire", "Mustang", "Yak"]
>>> fighter.sort(reverse=True)
>>> print(fighter)
['Yak', 'Spitfire', 'Mustang']
```

sort( ) 함수와 **reverse( ) 함수**를 결합해 정렬을 수행할 수도 있다. 다시 말해 알파벳 순서에 따라 정렬한 뒤 아이템의 위치를 반대로 정렬한다. **reverse=False**와 같이 설정하면 단순히 **sort( ) 함수**를 사용한 결과와 동일하다.

예제 5-12

예제 5-12에서 보는 바와 같이 sort() 함수와 sorted() 함수의 결과는 똑같지만 반환 여부에 따라 print() **함수 사용 유무**가 다르다. **반환**에 대한 개념은 제10장 '함수'에서 설명하겠다. 여기에서는 print() 함수 사용 유무에만 초점을 두고 봐두기 바란다.

이상으로 리스트 데이터와 관련한 설명을 마치겠다.

6

튜플 데이터 특징과 내장 함수

튜플 데이터는 대괄호가 아닌 **소괄호**를 이용해 표현한다. 튜플 데이터 또한 리스트 데이터와 마찬가지로 **시퀀스 데이터 타입**이기 때문에 소괄호 안에 있는 각각의 데이터를 **아이템**이라고 부르며 각 아이템마다 **인덱스**를 부여해 해당 아이템에 접근할 수 있다. 다시 말해 데이터를 저장하는 방식이나 아이템에 접근하는 방식 모두 리스트 데이터와 동일하다. 다만 리스트 데이터와 달리 튜플 데이터는 문자열 데이터처럼 아이템을 변경할 수 없다. 리스트와 튜플의 차이점은 표 6-1과 같다.

표 6-1

데이터 타입	데이터 저장 방식	아이템 변경 여부	접근 방식
리스트	컨테이너	**가능**	시퀀스
튜플	컨테이너	**불가**	시퀀스

표 6-1의 속성을 비교하면 리스트를 **변수**에 비유할 수 있고 튜플은 **상수**에 비유할 수 있다.

먼저 튜플 데이터의 다양한 형식을 확인해 보자.

```
>>> tuple1 = (21, 22, 23)
>>> type(tuple1)
<class 'tuple'>

소괄호를 이용한 전형적인 형식

>>> tuple2 = 21, 22, 23
>>> type(tuple2)
<class 'tuple'>

소괄호를 생략한 형식

>>> tuple3 = (21,)
>>> type(tuple3)
<class 'tuple'>

아이템이 한 개인 경우

>>> tuple4 = 21,
>>> type(tuple4)
<class 'tuple'>

아이템이 한 개인 경우

>>> tuple5 = ()
>>> type(tuple5)
<class 'tuple'>

아이템이 없는 경우
```

예제 6-1

예제 6-1에서와 같이 튜플은 소괄호를 이용한 형태이지만 **괄호를 생략**할 수도 있다. **가독성**을 위해 가급적 tuple1 형식이나 tuple3 형식을 권장한다. 또한 리스트와 달리 튜플에서는 아이템 변경이 불가능하다고 했다. 예제 6-2에서 확인해 보자.

```
>>> List = [20, 22, 23]
>>> print(List)
[20, 22, 23]

>>> List[0] = 21
>>> print(List)
[21, 22, 23]

리스트 0번 인덱스 아이템 변경

>>> Tuple = (21, 22, 23)
>>> print(Tuple)
(21, 22, 23)

>>> Tuple[0] = 20
Traceback (most recent call last):
File "<pyshell#17>", line 1, in <module>
Tuple[0] = 20
TypeError: 'tuple' object does not support item assignment

튜플 0번 인덱스 아이템 변경 불가
```

예제 6-2

예제 6-2와 같이 리스트에서는 List[0] = 21과 같은 아이템 변경이 가능하지만 튜플에서는 Tuple[0] = 20처럼 아이템 변경을 시도하면 TypeError **오류**가 발생한다.

표 6-1과 예제 6-2의 내용을 기반해 **시퀀스 데이터 타입으로서 튜플 데이터의 특징**을 하나씩 확인해 보자. 먼저 튜플 데이터에서도 리스트 데이터와 같은 **연결과 반복 속성**이 있다. 사용 예는 예제 6-3과 같다.

```
>>> tuple = (10, 20, 30)

>>> tuple + tuple
```

```
(10, 20, 30, 10, 20, 30)

>>> tuple * 2
(10, 20, 30, 10, 20, 30)
```

예제 6-3

예제 6-3에서와 같이 튜플와 튜플에 **덧셈 연산자**를 적용하면 두 개의 튜플을 **결합**하고 **곱셈 연산자**를 적용하면 두 개의 튜플을 **반복**한다.

튜플의 다음 특징은 len() 함수를 이용해 **길이 또는 크기 정보**를 구할 수 있다는 점이다.

```
>>> fighter = ("Spitfire", "Mustang", "Yak")
>>> len(tuple)
3
```

예제 6-4

예제 6-4의 결과를 보면 알 수 있는 것처럼 len() **함수**를 적용하면 사실상 튜플 데이터의 **아이템 개수**를 출력한다.

이번에는 튜플의 **아이템 검사**다. 아이템 검사는 예제 6-5와 같다.

```
>>> fighter = ("Spitfire", "Mustang", "Yak")
>>> "Bf109" in fighter
False
```

예제 6-5

이번에는 **인덱싱** 기능을 알아보자.

리스트와 달리 튜플에서는 아이템 변경이 불가능하기 때문에 **인덱싱을 참조 용도로만 사용**할 수 있다. 다시 말해 튜플에서는 extend() **함수**를 이용해 각각의 문자열 아이템을 추가할 수 없다.

```
>>> fighter = ("Spitfire", "Mustang", "Yak")
```

```
>>> print(fighter[1])
Mustang

1번 인덱스에 해당하는 아이템을 참조해 출력

>>> print(fighter.index("Yak"))
2

index() 함수를 이용하면 아이템에 해당하는 인덱스 참조도 가능
```

예제 6-6

리스트에서는 예제 5-5에서 본 바와 같이 extend() 함수를 이용해 각각의 아이템을 추가할 수 있었지만 튜플에서는 아이템 변경이 불가능하기 때문에 extend() 함수를 이용할 수 없고 예제 6-6과 같이 참조하는 용도로만 인덱싱을 사용할 수 있다. 만약 리스트에서와 같이 튜플에서도 extend() 함수를 이용해 아이템을 추가하려면 예제 6-7과 같이 오류가 발생한다.

```
>>> fighter = ()

공백의 튜플을 생성

>>> fighter.extend(("Spitfire", "Mustang", "Yak"))

extend() 함수를 이용해 각각의 문자열 아이템을 추가 시도

Traceback (most recent call last):
  File "<pyshell#1>", line 1, in <module>
fighter.extend(("Spitfire", "Mustang", "Yak"))
AttributeError: 'tuple' object has no attribute 'extend'
```

예제 6-7

예제 6-7처럼 extend() 함수 사용 시 AttributeError와 같은 오류를 볼 수 있다. 튜플에

서는 extend() 함수를 사용할 수 없다는 의미다. 그렇다면 공백 튜플에서는 아이템을 추가할 수 있는 방법은 없단 말인가? 이럴 경우에는 list() 함수와 tuple() 함수를 이용해 공백 튜플에 아이템을 추가할 수 있다. 진행 과정은 예제 6-8과 같다.

```
>>> fighter = ()

공백 튜플을 생성

>>> print(fighter)
()
>>> type(fighter)
<class 'tuple'>

튜플 타입 확인

>>> fighter = list(fighter)

list() 함수를 이용해 튜플 타입을 리스트 타입으로 변경

>>> type(fighter)
<class 'list'>

리스트 타입 확인

>>> fighter.extend(["Spitfire", "Mustang", "Yak"])

extend() 함수를 이용해 아이템 추가

>>> print(fighter)
['Spitfire', 'Mustang', 'Yak']

>>> fighter = tuple(fighter)

tuple() 함수를 이용해 리스트 타입을 튜플 타입으로 변경
```

```
>>> print(fighter)
('Spitfire', 'Mustang', 'Yak')
```

예제 6-8

예제 6-8에서 보는 바와 같이 list() 함수와 tuple() 함수를 이용하면 튜플의 한계를 극
복할 수 있다.

슬라이싱을 이용해서도 아이템 참조만 할 수 있다. 슬라이싱을 이용할 경우에는 언제
나 **이하**가 아닌 **미만**이라는 점을 상기해야 한다.

```
>>> numbers = (100, (10, 20, 30), 300)

>>> print(numbers.index((10, 20, 30)))
1

numbers 튜플에서 (10, 20, 30)은 튜플이 아닌 단지 아이템일 뿐이다.

>>> print(numbers[1])
(10, 20, 30)

>>> print(numbers[1][1])
20

1번 아이템인 (10, 20, 30)에 접근한 뒤 (10, 20, 30)에서 다시 1번 아이템을 참조하겠다는
의미
```

예제 6-9

예제 6-9를 예제 5-10과 비교해 보기 바란다. 또한 튜플에서도 예제 5-11과 예제
5-12 등과 같은 내장 함수를 사용하고 싶다면 list() 함수와 tuple() 함수를 이용하면
가능하다.

한편 튜플에는 패킹[packing]과 언패킹[unpacking]이라는 개념이 있다. 패킹이란 **튜플에 여러
개의 아이템을 할당하는 경우**이고 언패킹은 **튜플에 있는 모든 아이템을 각각의 참조 변수에**

할당하는 경우다. 예제 6-10을 통해 확인해 보자.

```
>>> port = (21, 22, 23)

전형적인 패킹에 해당

>>> (x, y, z) = port

튜플에 있는 모든 아이템을 각각의 참조 변수에 할당할 때 언패킹이라고 한다. 또한 이렇게 두 개 이상
의 참조 변수에 객체를 할당하는 방식을 다중 할당(multiple assignment)이라고 한다.

>>> print(x, y, z)
21 22 23

x, y, z와 같은 형태를 통해 세 개의 객체를 각각 출력할 수 있다.

>>> print((x, y, z))
(21, 22, 23)

튜플 타입으로 출력
```

예제 6-10

예제 6-10에서 설명한 **다중 할당 방식**은 파이썬에서 자주 사용하는 만큼 반드시 기억하기 바란다.

그렇다면 지금까지 확인해 본 튜플은 어떤 경우에 사용하는가?

먼저 튜플은 **함수의 인수**나 **반환** 등에서 사용한다. 예제 3-9에서 divmod() 함수를 사용하면서 divmod(5, 2)의 결과는 (2, 1)과 같았다. 이때 (5, 2) 또는 (2, 1)과 같은 형식이 바로 **튜플**이었다. 이런 점에서 파이썬 함수는 튜플로 이루어졌다고까지 할 수 있다.

튜플은 변경할 수 없는 고정적인 값을 출력할 때 사용하기도 한다. 예제 3-9에서 (2, 1)처럼 몫과 나머지를 동시에 구하는 경우 몫과 나머지를 기계적으로 분리해 출력하

기보다는 튜플 형태로 출력하는 것이 바람직하다.

또한 두 개의 데이터 위치를 변경하는 경우에도 튜플을 이용할 수 있다. 예제 6-11
의 경우를 보도록 하자.

```
>>> a = 10
>>> b = 20
>>> a, b
(10, 20)

>>> (a, b) = (b, a)

튜플을 이용해 두 개의 참조 변수 위치를 변경

>>> a, b
(20, 10)
```

예제 6-11

C 언어를 이용해 예제 6-11과 같은 결과를 얻고자 한다면 포인터 속성을 이용해 예
제 6-12와 같이 작성해야 한다.

```
#include <stdio.h>
void Swap(int *a,int *b);
int main() {
    int i = 2;
    int j = 3;

    Swap(&i, &j);

    return 0;
}
void Swap(int *a,int *b) {
    int temp = 0;
    temp = *a;
    *a = *b;
```

```
    *b = temp;
}
```

예제 6-12

확실히 C 언어 기반의 예제 6-12보다 파이썬 기반의 예제 6-11이 간결함을 알 수 있다.

마지막으로 튜플은 문자열 서식^{string formatting} 출력에서도 자주 사용한다. 예제를 통해 문자열 형식을 알아보자.

```
>>> name = "Oh Dog Jin"
>>> email = "ohdongjin1968@gmail.com"

>>> print("My name is %s and My email is %s" %(name, email))
My name is Oh Dog Jin and My email is ohdongjin1968@gmail.com
```

예제 6-13

"My name is %s and My email is %s" %(name, email)에서 **%s**를 서식 문자라고 한다.

사실 예제 6-13은 파이썬 2 버전에서 사용하던 방식이고 파이썬 3 버전에서는 예제 6-14와 같이 format() **함수**를 이용해 표현한다.

```
>>> name = "Oh Dog Jin"
>>> email = "ohdongjin1968@gmail.com"
>>> strings = "My name is {} and My email is {}."

>>> print(strings.format(name, email))
My name is Oh Dog Jin and My email is ohdongjin1968@gmail.com.
```

예제 6-14

예제 6-13과 비교할 때 예제 6-14에서와 같이 format() **함수**를 이용한 문자열 서식이 더욱 간결하게 보인다.

튜플은 파이썬에서 아주 중요하게 다루는 데이터 타입인 만큼 고유의 속성을 잘 기억하기 바란다.

이상으로 튜플 데이터와 관련한 설명을 마치겠다.

영화사에서 해커가 주인공으로 등장하는 최초의 작품

2017년 7월말 페이스북 개발자가 자사에서 운영 중인 인공 지능을 강제 종료시키는 일이 일어났다. 고객과 응대하기 위해 개발한 인공 지능이었는데 연결된 인공 지능 사이에서 자신만의 언어를 이용해 소통하는 것을 개발자가 발견하고 해당 기능을 강제 종료했다. 이것은 인공 지능의 단순한 오류에서 일어난 증상인지, 아니면 정말로 인공 지능이 자신만의 고유한 언어를 생성해 사용한 것인지는 정확히 알 수 없다. 만약 후자에 해당한다면 인류에 대한 인공 지능의 위험은 충분히 가능하다는 의미다. 스티븐 호킹Stephen william hawking과 빌 게이츠William henry gates III 등은 이미 2015년 인공 지능의 위험성을 경고할 만큼 인공 지능의 발전 속도는 상상을 초월한다.

영화사에서 인간에 대한 인공 지능의 반란을 묘사한 작품은 바로 스탠리 쿠브릭 Stanley kubrick의 〈스페이스 오딧세이2001: A Space odyssey〉에서다. 〈스페이스 오딧세이〉에 등장하는 인공 지능 HAL 9000은 어느 날 인간의 명령를 거부하고 인간을 살해하는 과정을 무미건조하지만 섬뜩한 필치로 묘사했다.

이후 인공 지능과 인간의 대결은 1983년 개봉한 존 바담John badham의 〈위험한 게임 wargames〉을 통해 다시 일어난다. 더불어 영화사에서 〈스페이스 오딧세이〉가 인공 지능과 인간의 대결을 묘사한 최초의 작품이라고 한다면 〈위험한 게임〉은 해커가 주인공으로 등장한 최초의 작품이라고 할 수 있다.

미국의 고등학생 데이빗(매튜 브로데릭)은 학과 수업에는 도통 관심이 없다. 그의 관심사는 온통 컴퓨터 해킹이다. 그는 교무실 선반 밑에 적힌 비밀번호를 몰래 보고 자신의 방에서 학교 전산 시스템에 접속해 성적을 조작하거나, 프로그램을 이용해 특정 국번의 전화 번호를 순차적으로 다이얼링해 항공사 호스트를 알아낸 뒤 결재도 안 한 채 비행기 표를 예매하는 악동이기도 하다.

이러한 순차적 다이얼링 기법을 통해 전화 회선에서 호스트를 모색하던 중 데이빗은 우연히 북미 방공 사령부에서 운영 중인 전쟁 게임 호스트에 접속한다. 처음에는 접속 계정을 몰라 해당 게임에 진입할 수 없었지만 화면에 뜬 정보를 기반으로 데이빗은 도서관 등에서 관련 정보를 수집해 분석한 끝에 마침내 해당 계정이 조수아[Joshua]임을 알아낸다.

미국 공군에서 제3차 세계 대전을 대비해 운영 중인 인공 지능임을 모른 채 데이빗은 전쟁 게임에 몰입한다. 인간과 인공 지능 사이에서 핵 전쟁이 일어난 것이다. 문제는 데이빗이 전쟁 게임을 종료했음에도 불구하고 인공 지능은 전쟁 게임을 멈추지 않는다는 것이다.

앞에서 언급한 바와 같이 〈위험한 게임〉은 해커를 주인공으로 설정한 최초의 영화다. 또한 영화 초반에 보여 주는 해킹 장면도 2008년 일본에서 방영한 〈블러디 먼데이〉라는 드라마와 비교해 볼 때 매우 사실적이다.

교무실에서 비밀번호를 습득하는 장면은 사회 공학에서 말하는 훔쳐보기[shoulder surfing] 기법이다. 항공사 컴퓨터와 인공 지능 호스트에 접속하는 장면도 그렇다. 전화 번호를 순차적으로 다이얼링해 전산 시스템에 접속하는 과정은 건물 주변이나 외부 공원 등을 자동차로 배회하면서 무선 네트워크 트래픽을 탈취하는 워 드라이빙[war driving] 기법과 사실상 동일한 선상에 있다. 북미 방공 사령부에서 운영 중인 전쟁 게임 호스트에 접속한 뒤 해당 화면에서 보여 주는 표시를 기반으로 해당 시스템에 대한 정보를 수집하는 장면은 풋프린팅[footprinting] 기법에 해당한다.

재미있는 점은 영화 중반에 데이빗이 조작을 통해 공중 전화를 무료로 이용하는 장면은 당시 미국에서 큰 파장을 일으켰다는 것. 영화 개봉 직후 공중전화 회사가 공중

전화를 일제히 점검했다고 알려졌다.

해커와 인공 지능 사이의 대결이 당시에는 참신한 소재였기 때문에 1984년 아카데미 각본 · 음향 · 촬영 부분에 후보로 오를 만큼 대중적으로 주목받았던 작품이다.

딕트 데이터 특징과 내장 함수

딕트는 형식상 **중괄호**를 이용한다. 딕트를 해쉬^{hash}라고 부르는 경우도 있다. 딕트는 리스트와 튜플처럼 **고수준의 데이터 타입**에 속하지만 시퀀스 데이터 타입은 아니다. 다시 말해 딕트에는 인덱스라는 개념이 없다. 대신 키^{key}와 값^{value}이라는 개념을 이용해 아이템에 접근하거나 아이템을 변경할 수 있다.

리스트와 딕트의 차이점은 표 7-1과 같다.

표 7-1

데이터 타입	데이터 저장 방식	아이템 변경 여부	접근 방식
리스트	컨테이너	가능	**시퀀스**
해쉬	컨테이너	가능	**매핑**

표 7-1에서 보는 바와 같이 리스트의 접근 방식은 시퀀스임에 반해 딕트의 접근 방식은 매핑^{mapping}이다. 인덱스가 아닌 **키**와 **값**을 이용해 아이템에 접근한다는 의미다.

먼저 딕트 형식은 예제 7-1과 같다.

```
>>> dict1 = {}
>>> type(dict1)
<class 'dict'>

아이템이 없는 공백의 딕트 형식

>>> dict2 = {"twitter.com":"199.59.150.39", "facebook.com":
"66.220.158.68"}
>>> type(dict2)
<class 'dict'>

전형적인 딕트 형식
```

예제 7-1

예제 7-1에서 보는 바와 같이 dict2의 중괄호 안에서 twitter.com과 facebook.com 이 키에 해당하고 199.59.150.39와 66.220.158.68이 **값**에 해당한다. 다시 말해 중간 콜론을 기점으로 twitter.com이라는 키와 199.59.150.39라는 값이 **매핑**을 이루는 구조다. 딕트의 전형적인 형식에 해당하는 예인 만큼 기억해 두기 바란다.

리스트와 비교할 때 딕트에는 다음과 같은 특징이 있다.

먼저 덧셈 연산자와 곱셈 연산자를 사용할 수 없다. 다시 말해 딕트에는 연결과 반복의 속성이 없다.

```
>>> dns = {"twitter.com":"199.59.150.39", "facebook.com":
"66.220.158.68"}

>>> dns + dns
Traceback (most recent call last):
File "<stdin>", line 1, in <module>
TypeError: unsupported operand type(s) for +: 'dict' and 'dict'
```

```
>>> dns * 2
Traceback (most recent call last):
File "<stdin>", line 1, in <module>
TypeError: unsupported operand type(s) for *: 'dict' and 'int'
```

예제 7-2

예제 7-2와 같이 딕트에 연결 연산자와 반복 연산자를 적용하면 TypeError 오류가
발생한다. 딕트에 대한 접근 방식은 시퀀스가 아닌 **매핑**이기 때문이다.

그렇지만 len() **함수**를 이용한 딕트 길이나 아이템 검사 기능은 수행할 수 있다. 각각
의 예제를 통해 확인해 보자.

```
>>> dns = {"twitter.com":"199.59.150.39", "facebook.com":
"66.220.158.68"}
>>> len(dns)
2
```

예제 7-3

```
>>> dns = {"twitter.com":"199.59.150.39", "facebook.com":
"66.220.158.68"}
>>> "twitter.com" in dns
True
```

예제 7-4

딕트는 리스트나 튜플처럼 아이템을 이용해 데이터를 구성하지만 **순서를 정할 수 없는
데이터 타입**이다. 따라서 시퀀스 데이터 타입에 속하는 리스트 등이 인덱스를 통해 원
소에 접근하는 방식과 달리 딕트는 키를 이용해 값에 접근하는 매핑 방식을 사용한
다. 다시 말해 **딕트에서는 인덱싱과 슬라이싱 기능을 사용할 수 없다는 의미**다.

이런 속성은 딕트가 매핑 방식이기 때문이다. 그렇다면 키와 값을 이용해 아이템에
접근하는 방식을 알아보자.

먼저 딕트에 아이템을 추가하는 방법을 알아보자.

```
>>> dns = {}

공백 딕트를 생성

>>> dns["twitter.com"] = "199.59.150.39"
>>> dns["facebook.com"] = "66.220.158.68"

키와 값을 쌍으로 하는 아이템 추가

>>> print(dns)
{'facebook.com': '66.220.158.68', 'twitter.com': '199.59.150.39'}
>>> dns["facebook.com"] = "173.252.120.6"

키를 중복해 값을 추가

>>> print(dns)
{'facebook.com': '173.252.120.6', 'twitter.com': '199.59.150.39'}
```

예제 7-5

예제 7-5와 같이 키를 중복해 추가하면 기존의 값에 새로운 값을 덮어 쓴다. 이제 딕트 아이템에 접근하는 방식을 알아보자. 예제 7-6과 같다.

```
>>> dns = {"twitter.com":"199.59.150.39", "facebook.com":
"66.220.158.68"}
>>> dns.keys()
['facebook.com', 'twitter.com']

키를 리스트 형식으로 출력

>>> dns.values()
['66.220.158.68', '199.59.150.39']
```

```
값을 리스트 형식으로 출력

>>> dns.items()
[('facebook.com', '66.220.158.68'), ('twitter.com', '199.59.150.39')]

키와 값을 쌍으로 하는 아이템을 튜플로 처리해 리스트 형식으로 출력
```

예제 7-6

예제 7-6처럼 키를 출력하는 dns.keys()와 값을 출력하는 dns.values()의 경우 출력 결과는 리스트 타입이지만 키와 값 모두를 출력하는 dns.items()의 경우에는 각각의 아이템을 튜플로 처리해 리스트 타입으로 반환해 준다.

딕트 아이템을 추가하고 접근해 보았다면 이번에는 삭제를 수행해 보겠다.

```
>>> dns = {"twitter.com":"199.59.150.39", "facebook.com":
"66.220.158.68"}
>>> print(dns)
{'facebook.com': '66.220.158.68', 'twitter.com': '199.59.150.39'}
>>> del dns["facebook.com"]

삭제하고자 하는 아이템이 있다면 키를 입력해 삭제

>>> print(dns)
{'twitter.com': '199.59.150.39'}
>>> dns.clear()

딕트 자체를 삭제

>>> print(dns)
{}
```

예제 7-7

clear() **함수**를 이용해 딕트 자체를 삭제하면 예제 7-7에서 보는 바와 같이 **중괄호**만 나온다.

한편 list() **함수**와 tuple() **함수**를 이용하면 딕트 타입을 각각 리스트 타입과 튜플 타입으로 변경할 수 있다. 예제 7-8과 같다.

```
>>> dns = {"twitter.com":"199.59.150.39", "facebook.com":
"66.220.158.68"}
>>> dns = list(dns)

딕트에서 리스트로 변경

>>> print(dns)
['facebook.com', 'twitter.com']
>>> dns = tuple(dns)

리스트에서 튜플로 변경

>>> print(dns)
('facebook.com', 'twitter.com')
```

예제 7-8

예제 7-8과 같이 딕트 타입을 리스트 타입과 튜플 타입으로 변경하면 값은 없어지고 키만 남는 것을 볼 수 있다. 매핑이 깨진다는 의미다.

정리하자면 리스트나 튜플과 달리 딕트에서는 연결과 반복 속성을 사용할 수 없고 인덱싱과 슬라이싱 기능도 사용할 수 없다. 딕트는 매핑 방식에 기반하기 때문에 인덱스가 아닌 키와 값에 의해 아이템에 접근하고 아이템을 변경할 수 있다. 이럴 경우 len() **함수**를 이용해 딕트의 길이를 구하거나 아이템 검사를 수행할 수 있다.

지금까지 살펴본 리스트와 딕트, 튜플을 정리하면 표 7-2와 같다.

표 7-2

데이터 타입	데이터 저장 방식	아이템 변경 여부	접근 방식	형태
리스트	컨테이너	가능	시퀀스	대괄호
딕트	컨테이너	가능	**매핑**	중괄호
튜플	컨테이너	**불가**	시퀀스	소괄호

표 7-2에서 제시한 내용을 기억하기 바란다.

이상으로 딕트 데이터와 관련한 설명을 마치겠다.

8

각종 제어문의 이해

제3장부터 제7장에 걸쳐 파이썬에서 처리하는 다양한 데이터 타입을 알아보았다. 이러한 데이터 타입을 기반으로 제어문에 대한 내용을 소개하겠다. **제어문**을 통해 **본격적으로 프로그래밍의 세계로 진입**할 수 있다.

제어문^{control flow statement}이란 **소스 코드의 처리** 흐름을 **바꾸는 개념**이다. 이전까지 모든 소스 코드는 단지 위에서부터 아래로 순차적인 흐름을 보였다. 다시 말해 지금까지는 모든 소스 코드를 오직 위에서부터 아래로만 한 줄씩 읽기만 했지만, 제어문을 사용하면 소스 코드를 건너뛰게 할 수도 있고 특정 소스 코드를 반복적으로 읽게 할 수도 있다. 한 마디로 **물줄기를 바꾸는 역할**을 수행하는 것이 바로 **제어문**이다.

먼저 제어문을 사용할 때 주의할 점은 여타 언어와 달리 파이썬에서는 **들여쓰기**에 대해 매우 민감하다는 것이다. 예제 1-1에서 보는 바와 같이 C 언어에서 띄어쓰기는 단지 가독성을 위한 부수적인 조건이지만 파이썬 언어에서는 **띄어쓰기 자체가 하나의 필수 문법 구조**를 이룰 만큼 중요하다. 심지어 가장 바깥쪽에 있는 블록 코드는 반드시 1열부터 시작해야 하고 내부 블록은 같은 거리만큼 들여 써야 하고 블록은 들여쓰기로 결정하고 탭과 공백을 함께 사용하지 말고 들여쓰기 간격은 일정해야 한다는 여러 주의 사항이 있을 정도로 파이썬은 **들여쓰기에 대해 엄격**하다. 이처럼 파이썬의 들여쓰기는 C 언어의 중괄호에 해당하기 때문에 매우 중요하다고 할 수 있겠다.

자바 등에서 파이썬으로 넘어오면 이러한 들여쓰기 철칙 때문에 처음에는 많이 생소할 수 있다. 그렇지만 파이썬 언어의 들여쓰기 기능이야말로 파이썬의 강점으로 간주할 만큼 매우 탁월한 기능임을 금방 알 수 있다. 중괄호를 없애고 엄격한 들여쓰기만을 이용했기 때문에 예제 1-2와 같은 간결한 구성이 가능했던 것이다.

이후 필자는 **키보드의 탭 키를 이용해 들여쓰기를 구현**하겠다. 또한 제8장부터는 대화식 모드가 아닌 직접 소스 코드를 작성해 **파일로 실행하는 방식**을 이용하겠다. 대화식 모드에서는 탭 키 동작이 부자연스러울 뿐 아니라 길게 이어지는 소스 코드를 작성하기에 제한적이기 때문이다. 파이썬 파일은 백박스 운영 체제에서 적당한 위치에 **python3.4 디렉토리를 생성**한 뒤 이후의 모든 작업을 진행하겠다(예제 8-2에서 해당 과정을 소개한다).

조건문

조건문^{condition statements}이란 주어진 조건이 참인지 거짓인지에 의존해 처리하는 제어 개념이다. if 문으로 조건문을 구현한다. 예제 8-1을 통해 사용 예를 확인해 보겠다 (예제 8-1은 단지 조건문을 이해하기 위한 설명인 만큼 별도로 작성할 필요가 없다).

```
if True: #Header
...       print("To Show") #Body

if 문 다음에 True 또는 False 문이 오고 그 뒤로 콜론(:)이 온다. if 문부터 콜론까지를 헤더
header라고 부른다. 줄이 바뀌면 탭 키를 눌러 한 칸을 띄운 뒤(... 표시 부분) 내용을 작성한다. 이후
엔터를 치고 필요한 내용을 계속 적을 수 있다(대화식 모드에서 작성한 경우라면 마지막 내용을
입력한 뒤 엔터를 두 번 치면 내용 작성을 마칠 수 있다). 이처럼 헤더 뒤에서 들여쓰기를 적용한 문을
바디Body라고 한다. 또한 # 표시는 파이썬에서 사용하는 주석comment이다.
```

```
To Show

To Show와 같이 출력한 이유는 if 문의 조건이 참(if True)이기 때문이다.
if False: #Header
...     print("To Show") #Body

아무런 출력이 없는 이유는 if 문의 조건이 거짓(if False)이기 때문이다.
if 20 > 10: #Header
...     print("To Show") #Body
To Show

if 20 > 10 문은 결국 if True 문과 같다는 의미다. 따라서 To Show와 같이 출력한다.
if 20 < 10: #Header
...     print("To Show") #Body
if 20 < 10 문은 결국 if False 문과 같다는 의미다. 따라서 아무런 출력이 없다.
```

예제 8-1

예제 8-1에서는 if 문의 핵심 기능을 소개했다. if 문의 조건이 **참이면 바디의 내용을 출력**해 주지만 거짓이면 출력해 주지 않는다. 또한 **헤더**와 **바디**라는 개념은 **함수**와 **클래스** 등에서도 사용하는 만큼 잘 기억해 두기 바란다. 이번에는 예제 8-1의 세 번째 내용을 파이썬 파일로 작성해 보겠다.

```
root@backbox:~# mkdir python3.4

python3.4 디렉토리를 생성

root@backbox:~# cd python3.4

python3.4 니렉토리로 이농

root@backbox:~/python3.4# cat > 08-02.py

python3.4 디렉토리에 08-02.py 파일 생성
```

```
#!/usr/bin/env python3

백박스 운영 체제에서 파이썬 3 버전을 실행하겠다는 의미

if 20 > 10:
        print("To Show")
^C

본문 내용 중 ^C 부분은 컨트롤(CTRL) + C 키를 동시에 입력했을 때 나타나는 표시

root@backbox:~/python3.4# ls -l
합계 4
-rw-r--r-- 1 root root 54 12월 11 13:34 08-02.py

root@backbox:~/python3.4# cat 08-02.py
#!/usr/bin/env python3

if 20 > 10:
        print("To Show")

root@backbox:~/python3.4# python3 08-02.py
To Show

python3 08-02.py처럼 해당 파일을 실행하면 조건이 참이기 때문에 바디의 내용을 출력
```

예제 8-2

다시 한 번 강조하지만 print("To Show") 문처럼 바디를 작성할 때에는 **들여쓰기**에 특히 주의해야 한다.

이어서 예제 8-1의 네 번째 내용을 파이썬 파일로 작성해 보겠다.

```
root@backbox:~/python3.4# cat > 08-03.py
#!/usr/bin/env python3

if 20 < 10:
```

```
        print("To Show")
^C
root@backbox:~/python3.4# python3 08-03.py
root@backbox:~/python3.4#
```

예제 8-3

예제 8-2와 달리 예제 8-3에서는 해당 파일을 실행했어도 아무런 결과가 안 나온다. 조건이 거짓이기 때문이다. 다시 말해 if 20 < 10은 곧 if False이기 때문이다.

이번에는 if-else 문을 이용한 조건문을 작성해 보겠다(이후부터는 파일 내용만을 제시하도록 하겠다).

```
cat > 08-04.py

#!/usr/bin/env python3

result = int(input("Enter port number! "))
```

input( ) 함수와 **int( )** 함수를 중복 적용한 경우다. **input( )** 함수는 사용자로 하여금 입력 값을 받게끔 해 준다. 괄호 안에는 사용자에게 보여줄 **안내문**을 입력한다. **int(input( ))** 문은 사용자가 입력한 값을 정수로 바꾸겠다는 의미다.

```
if result < 1024:
        print("This port number is well-known port number.")
```

입력한 숫자가 1024보다 작은 경우 바디 내용을 실행하겠다는 의미다.

```
else:
        print("This port number is not well-known port number.")
^C
```

입력한 숫자가 1024보다 크거나 같은 경우 바디 문을 실행하겠다는 의미다. else 문은 result < 1024의 반대인 **result >= 1024**에 해당하는 내용이다.

```
python3 08-04.py
```

```
Enter port number! 80

해당 파일을 실행하면 Enter port number!라는 안내문이 나온다. input() 함수를 실행했기 때문이
다. 80이라고 입력한 뒤 엔터를 친다.

This port number is well-known port number.

입력 값 80이 result < 1024 조건을 만족하기 때문에 This port number is well-known
port number와 같이 출력한다.

python3 08-04.py
Enter port number! 1024
This port number is not well-known port number.

입력 값 1024가 result < 1024 조건을 만족하지 않기 때문에 if 문이 아닌 else 문으로 넘
어가면서 This port number is not well-known port number와 같이 출력한다.
```

예제 8-4

예제 8-1과 예제 8-2, 예제 8-3이 if 문으로 조건문을 구현했다면 예제 8-4는 if—else
문으로 조건문을 구현했다. 이번에는 if-elif-else 문으로 조건문을 구현한 경우를 살
펴보자.

```
cat > 08-05.py

#!/usr/bin/env python3

score = int(input("Enter your score! "))

if score > 90:
        print("Your grade is A!")

elif score > 80:
        print("Your grade is B!")

elif score > 70:
```

```
        print("Your grade is C!")

elif score > 60:
        print("Your grade is D!")
else:
        print("Your grade is F!")

^C
python3 08-05.py
Enter your score! 91
Your grade is A!
```

score > 90 조건을 만족하는 경우

```
python3 08-05.py
Enter your score! 81
Your grade is B!
```

score > 80 조건을 만족하는 경우

```
python3 08-05.py
Enter your score! 71
Your grade is C!
```

score > 70 조건을 만족하는 경우

```
python3 08-05.py
Enter your score! 61
Your grade is D!
```

score > 60 조건을 만족하는 경우

```
python3 08-05.py
Enter your score! 51
Your grade is F!
```

예제 8-5

예제 8-5를 통해 알 수 있는 바와 같이 사용자가 51을 입력하면 08-05.py에서는 score > 90 조건에 부합하는가 여부를 비교한 뒤 부합하지 않는다면 다음 조건인 score > 80과 비교한다. 이런 식으로 해당 조건에 부합하는 조건을 쭉 검색하다 부합한 조건이 없다면 마지막 else 문에 있는 내용을 출력해 준다. 예제 8-5를 반복적으로 읽고 생각하면서 조건문의 흐름을 파악해 주기 바란다(해당 예제를 가급적 기억하기 바란다).

반복문

조건문이 특정 문을 선택해 실행하는 **구조**라고 하면 반복문^{looping statements}은 **특정 문을 반복해 실행하는 구조**다. Hello라는 문자열을 3번 출력해야 하는 상황을 고려해 보자. 단순히 print("Hello")라고 설정한 뒤 복사하기를 통해 붙여넣으면 그렇게 어려운 일은 아니다. 문제는 100번 출력해야 하는 상황이라면 붙여넣기 횟수도 기억해야 할 뿐 아니라 소스 코드의 분량도 그만큼 늘어날 수밖에 없다. 이러한 반복적인 소스 코드의 증가는 사후 유지 보수 시 상당한 비용을 감수해야 한다. 반복문이 절대적으로 필요한 이유다. for 문으로 반복문을 구현한다.

반복문을 사용하기 위해서는 먼저 range() **함수**를 알아 볼 필요가 있다. 파이썬 쉘에서 range() **함수**의 사용은 예제 8-6과 같다.

```
>>> x = range(3)
>>> print(x)
range(0, 3)

범위가 0 이상 3 미만이라는 의미

>>> y = range(3, 9)
```

```
>>> print(y)
range(3, 9)


범위가 3 이상 9 미만이라는 의미


>>> z = range(3, 9, 3)
>>> print(z)
range(3, 9, 3)


범위가 3 이상 9 미만 중 3의 배수라는 의미
```

예제 8-6

예제 8-6에서 보는 바와 같이 range() 함수에서도 문자열 등에서 사용했던 **슬라이싱**처럼 [이상:미만:배수]라는 속성을 사용한다.

이제 range() 함수를 이용해 Hello라는 문자열을 3번 출력하는 경우를 보도록 하자.

```
cat > 08-07.py

#!/usr/bin/env python3

for count in range(3):

반복문도 조건문과 마찬가지로 for 문부터 콜론까지를 헤더라고 부른다.

    print(count, "Hello")

줄이 바뀌면 탭 키를 눌러 한 칸을 띄운 뒤 문을 입력한다. 이후 엔터를 눌러 필요한 문을 계속 입력할
수 있다. 이처럼 헤더 뒤에서 들여쓰기를 적용한 일련의 문을 조건문과 마찬가지로 바디라고 한다.

^C

python3 08-07.py

0 Hello
```

```
1 Hello
2 Hello
```

예제 8-7

Hello라는 문자열을 10번 출력하고 싶다면 range(10)처럼 설정해 준다. 또한 반복문을 사용할 경우에는 count처럼 **임의의 참조 변수**를 설정해야 한다. 그래야 in 문 뒤에 나오는 range() **함수** 결과를 받아 출력 횟수를 정할 수 있기 때문이다. 예제 8-7은 반복문의 전형을 이루는 구조인 만큼 가급적 기억해 주기 바란다.

반복문 헤더에는 range() 함수뿐 아니라 문자열부터 딕트까지 올 수 있다. 무슨 말인지 예를 통해 하나씩 알아보자.

먼저 **반복문 헤더에 문자열을 적용**한 예는 예제 8-8과 같다.

```
cat > 08-08.py

#!/usr/bin/env python3

strings = "socket"

문자열을 생성

for string in strings:
    print(string, end = "")

반복문 헤더에 해당 문자열을 적용한다. 이때 end = "" 인자를 추가하면 socket 문자열을 세로가
아닌 가로로 출력할 수 있다. 이미 예제 3-8에서 사용한 적이 있다.

print()

한 줄 공백을 위한 설정일 뿐 다른 의미는 없다.

^C

python3 08-08.py
```

```
socket

print() 함수의 end = "" 인자에 따라 socket이라는 문자열이 가로로 출력
```

예제 8-8

예제 8-8 출력 결과를 보면 단순히 print() 함수를 이용해 socket 문자열을 출력한 기분이 든다. 다음으로 **반복문 헤더에 리스트를 적용**한 예는 예제 8-9와 같다.

```
cat > 08-09.py

#!/usr/bin/env python3

protocols = ["FTP", "SSH", "Telnet"]

세 개의 문자열 아이템으로 구성한 리스트를 생성

for protocol in protocols:
    print(protocol)

반복문 헤더에 해당 리스트를 적용

^C
python3 08-09.py

FTP
SSH
Telnet
```

예제 8-9

반복문 헤더에 튜플을 적용한 반복문은 예제 8-10과 같다.

```
cat > 08-10.py

#!/usr/bin/env python3
```

```
protocols = ("FTP", "SSH", "Telnet")

세 개의 문자열 아이템으로 구성한 튜플을 생성

for protocol in protocols:
    print(protocol)

반복문 헤더에 해당 튜플을 적용

^C
python3 09-10.py

FTP
SSH
Telnet
```

예제 8-10

예제 8-9와 예제 8-10을 비교해 보면 튜플을 이용한 반복문은 사실상 리스트를 이용한 반복문과 똑같다. 다만 괄호의 차이만 있을 뿐이다.

끝으로 반복문 헤더에 딕트를 적용한 반복문을 알아보자. **딕트 타입은 키와 값으로 구분한다는 점을 염두에** 두고 작성하면 예제 8-11과 같다.

```
cat > 08-11.py

#!/usr/bin/env python3

dns = {"twitter.com":"199.59.150.39", "facebook.com":"66.220.158.68"}

예제 7-1과 같은 딕트를 생성

for domain in dns:

반복문 헤더에 해당 딕트를 적용
```

```
        print(domain, "corresponds to", dns[domain])
```

dns[domain] 문을 통해 키에 해당하는 값을 출력할 수 있다. 이 경우 도메인 이름이 키에 해당하고 **IP** 주소가 값에 해당한다.

```
^C


python3 09-10.py


facebook.com corresponds to 66.220.158.68
twitter.com corresponds to 199.59.150.39
```

예제 8-11

예제 8-11에서와 같이 dns[domain] 문을 통해 키에 해당하는 값을 출력할 수 있음을 기억하자.

한편 **반복문은 조건문과 결합**해 보다 풍부한 제어를 수행할 수 있다. 예제 8-12를 통해 확인해 보겠다.

```
cat > 08-12.py

#!/usr/bin/env python3

for number in range(1, 11):
    if number % 2 != 0:
```

조건문 헤더에서는 **number % 2 != 0**을 통해 number 결과 중 **홀수**만을 선택

```
        print("odd number is", number)

^C

python3 08-12.py

odd number is 1
```

```
odd number is 3
odd number is 5
odd number is 7
odd number is 9

range(1, 11)에 속하는 숫자 중 홀수만 출력
```

예제 8-12

예제 8-12에서 사용한 **% 연산자**는 이미 예제 3-2에서 소개한 내용으로서 % 연산자
는 짝수와 홀수 등을 구할 때 사용한다고 설명했다. range(1, 11)에 따라 10번 반복
을 수행하는데 반복을 진행하다 참조 변수 number가 나누어 떨어지지 않을 경우
(number % 2 != 0)에는 print() **함수**의 내용을 출력하라는 의미다.

반복문과 조건문을 작성하면서 특히 띄어쓰기에 주의해야 한다. 반복문의 헤더를 작
성한 뒤 띄어쓰기를 적용해 조건문의 헤더를 작성하고 다시 띄어쓰기를 적용해 조건
문의 바디를 작성해야 한다. 물론 띄어쓰기의 간격은 일정해야 한다.

홀수에 이어 짝수도 구해 보자. 짝수는 예제 8-13과 같다.

```
cat > 08-13.py

#!/usr/bin/env python3

for number in range(1, 11):
    if number % 2 == 0:

조건문 헤더에서는 number % 2 == 0을 통해 number 결과 중 짝수만을 선택

        print("even number is", number)
^C

python3 08-13.py

even number is 2
```

```
even number is 4
even number is 6
even number is 8
even number is 10

range(1, 11)에 속하는 숫자 중 짝수만 출력
```

예제 8-13

예제 8-13을 보면 range(1, 11)에 따라 10번 반복을 수행하는데 반복을 진행하다 참조 변수 number가 나누어 떨어질 경우(if number % 2 == 0)에는 print() 함수의 내용을 출력하라는 의미다.

예제 8-12와 예제 8-13은 반복문과 조건문을 결합한 아주 전형적인 구조인 만큼 제어 흐름을 반드시 이해하고 가급적 예제 자체를 기억해 주기 바란다.

또한 반복문을 구현할 때 for 문 말고 while 문도 자주 사용한다. while 문은 for 문과 달리 **초기 값**과 **조건 값** 그리고 **증가 또는 감소 값**을 세밀하게 설정해야 한다. 흔히 **반복 횟수를 알면 for 문을 사용**하고 **반복 횟수를 모르면 while 문을 사용**한다. 가장 전형적인 while 문의 사용 예는 예제 8-14와 같다.

```
cat > 08-14.py

#!/usr/bin/env python3

count = 5 #초기 값 설정

while count > 0: #조건 값 설정
        print("Current countiable value :", count)
        count = count - 1 #감소 값 설정
        if count == 3:
                break
^C

python3 08-14.py
```

```
('Current countiable value :', 5)
('Current countiable value :', 4)
```

예제 8-14

예제 8-14에서 count = 5는 while 문에 대한 **초기 값 설정**이고 count = count – 1
은 while 문에 대한 **감소 값 설정**이다. 맨 마지막에 나오는 break 문은 count == 3인
순간 while 문 실행을 **중지**하라는 의미다.

break 문과 쌍을 이루는 continue 문의 기능은 예제 8-15와 같다.

```
cat > 08-15.py

#!/usr/bin/env python3

count = 5
while count > 0:
        count = count - 1
        if count == 3:
                continue
        print("Current countiable value :", count)
^C

python3 08-15.py

('Current countiable value :', 4)
('Current countiable value :', 2)
('Current countiable value :', 1)
('Current countiable value :', 0)
```

예제 8-15

예제 8-15에서 count == 3인 순간 print() 함수 내용을 **생략**하고 바로 while 문 헤더로
이동한 뒤 나머지 내용을 계속 출력한다. 다시 말해 4번부터 0번까지 출력한 내용 중
continue 문을 통해 3번만 생략하고 나머지 내용은 정상적으로 출력해 준다.

반복문에서 while/break 문의 차이는 중요하다. 그런 만큼 예제 8-14와 예제 8-15의 결과를 정확히 이해하고 가급적 예제 자체를 기억해두기 바란다.

이번에는 반복문을 이용해 구구단을 구현해 보겠다.

```
cat > 08-16.py

#!/usr/bin/env python3

for x in range(2, 10):
    for y in range(1, 10):
        print("{} * {} = {}".format(x, y, x * y))
```
예제 6-14에서 설명한 **format()** **함수**를 이용한 출력 설정

예제 8-16

예제 8-16에서와 같이 **이중 반복문**을 적용함으로써 구구단을 구현할 수 있다. 이중 반복문을 이용할 경우에는 **시계의 분침과 초침**이 동작하는 방식을 연상하기 바란다. 물론 띄어쓰기에도 각별히 주의해야 한다. 또한 곱셈 결과를 어떻게 출력할 것인가 도 고민할 필요가 있다. 문자열 서식을 지원하는 format() 함수를 이용해 예제 8-16과 같이 간단하게 해결할 수 있다. 상황에 따라 format() 함수를 적절하게 이용할 수 있는 안목을 키우도록 하자(예제 6-14에서 format() 함수에 대해 이미 소개했다). 출력 결과 는 각자 확인해 보기 바란다.

끝으로 예제 4-22에서 설명했던 **바이트 타입**과 **바이트 배열**을 이용해 **아스키 코드 출력**을 구현해 보겠다.

```
cat > 08-17.py

#!/usr/bin/env python3

data = bytearray(b"ABC")
```

바이트 타입과 바이트 배열을 이용해 **대문자 ABC** 설정

```
for code in data:
    print(code, end = " ")
```

대문자 **ABC**에 해당하는 **아스키 코드 출력**

```
print( )
```

한 줄 띄우라는 의미

```
data = bytearray(b"abc")
```

바이트 타입과 바이트 배열을 이용해 **소문자 abc** 설정

```
for code in data:
    print(code, end = " ")
```

소문자 **ABC**에 해당하는 **아스키 코드 출력**

```
^C

python3 08-07.py

65 66 67
```

대문자 **ABC**에 해당하는 아스키 코드 출력

```
97 98 99
```

소문자 **abc**에 해당하는 아스키 코드 출력

예제 8-17

예제 8-17을 통해 **바이트 타입은 아스키 코드 기반**임을 확인했다(제4장 서두에서 문자열 타입은 유니코드 기반이고 바이트 타입은 아스키 코드 기반이라고 이미 설명한 바 있다).

이상으로 제어문과 관련한 설명을 마치겠다.

케빈 미트닉 사건을 다룬
최고의 해커 영화

2012년 케빈 미트닉^{Kevin Mitnick}이란 이름이 걸린 책 한 권이 에이콘출판사에서 출간됐다. 『네트워크 속의 유령^{Ghost in the wires}』(에이콘, 2012)이란 책이다. 마침 모 방송국에서 〈유령〉이란 사이버 수사 드라마를 방영한 직후라 유령이란 단어를 자주 듣던 시기이기도 했다.

케빈은 1963년 미국 LA 출신으로 어릴 적부터 전화망에 관심이 많았다. 그는 틈날 때마다 전화망의 동작 원리 등을 관찰하면서 무료로 통화할 수 있는 기법 등을 터득했다. 컴퓨터 프로그래밍 실력도 탁월했다. 뛰어난 전산 실력을 기반으로 그는 미국 전역에서 각종 전화망과 전산망 등을 유린했다. 미국 연방 수사국^{FBI}에서는 상당한 현상금을 걸고 그를 맹추격했다. 결국 한 일본인 해커의 노력 끝에 FBI는 1995년에 그를 겨우 체포할 수 있었다.

〈테이크다운^{Takedown}〉은 이런 케빈을 주인공으로 한 2000년도 작품이다. 감독은 조 채펠리^{Joe Chappelle}이다.

〈테이크다운〉의 매력은 실존 인물을 각색한 실화라는 점에 있다. 실화를 기반으로 했다는 점에서 그 어떤 영화보다 해킹 기법을 충실하게 반영했다. 솔직히 이전 영화들은 비록 실제 사용하는 기법들이 등장하긴 해도 모두 허구에 기반한 작품에 불과했다. 그런 만큼 허무맹랑한 내용이나 장면 등으로 채워진 부분들도 많았다.

〈테이크다운〉은 FBI가 케빈 미트닉을 검거하는데 조력한 일본인 해커, 스토무 시모

무라^{Tsutomu Shimomura}와 당시 체포 현장에 있던 신문 기자 존 마코프^{John Markoff}가 공동 집필한 동명 소설이 원작이다. 영화는 케빈이 스토무와 우연한 통화로 대립의 날을 세우면서 이들 사이의 밀고 당기는 사이버 추격전을 전개한다. 케빈으로 출연한 스키트 울리히^{Skeet Ulrich}의 연기는 영화 문맥상 나름 적절한 듯했다. 오히려 케빈을 추격하는 톰 베린저^{Tom Berenger}의 연기는 김빠진 탄산 음료와 같았다. 〈테이크다운〉에서는 나름 극적인 요소들도 구비했지만 불행히도 평단에서는 그리 호의적인 평가가 없었다.

영화에서 필자가 특히 주목한 부분은 케빈이 능숙하게 구사했던 사회 공학이었다. 어떤 해커가 은밀하게 침투할 대상이 외부망과 단절 상태라면 기술적으로 접근 자체가 불가능하다. 이럴 경우 해커는 해당 건물이나 지역의 관련 정보를 수집해 신분을 변장하거나 위장해 목적지에 접근한 뒤 외부망과 내부망을 은밀하게 연결하거나 아니면 침투 대상 시스템을 직접 공략해야 한다. 이런 일련의 기법이 바로 사회 공학이다. 첩보원들이 적지에서 신분을 가장해 수행하는 임무와 같은 맥락이다. 사회 공학은 원래 각종 사회 문제를 해결하기 위한 사회적 기술 체계를 의미하는데 그 대상이 인간이란 점에서 긍정적인 요소와 부정적인 요소를 모두 포함한다. 수사관이 용의자의 자백을 받기 위한 다양한 연출 기법 등이 사회 공학의 긍정적인 요소에 해당한다면 히틀러가 선동적인 연설 등을 통해 독일 전역을 장악했던 것은 사회 공학의 부정적인 요소에 해당한다.

사이버 보안에서는 흔히 사회 공학을 후자의 개념에 둔다는 점에서 일종의 사기술이라고 할 수 있겠다. 모니터 앞에 앉아 키보드만 두드리면 해커가 원하는 목표물에 접근해 해당 시스템을 공략한다는 생각은 한낱 영화적 허구나 상상에 불과할 뿐이다. 그만큼 해킹에서 사회 공학은 중요하다.

케빈은 전산 실력도 탁월했지만 동시에 타고난 사회 공학자이기도 했다. 〈테이크다운〉에서는 능숙한 사기술로 전화 교환망 시스템 정보를 탈취하는 과정이 구체적으로 나온다. 쓰레기통을 뒤져 관련 정보를 수집한 뒤 유지 보수 요원으로 가장해 대학교 수퍼 컴퓨터에 접근하는 장면도 등장한다. 『네트워크 속의 유령』(에이콘, 2012)에서는 전화 통화하는 과정에서 상대방의 키보드 입력 소리만으로 비밀번호를 유추하는 장면도 있다. 많은 사람들이 케빈을 전설적인 해커라고 부르는 이유다.

병은 병으로 다스린다고 했던가? 케빈의 체포 과정은 스토무의 사회 공학적인 해킹 기법이었다. 영화에서는 케빈이 탈취한 스토무의 자료를 FTP 방식으로 외부로 이동시키지만 사실은 스토무가 운영하는 서버였다. 자료를 이동시키는 동안 스토무는 위치 추적을 이용해 케빈의 거처를 파악한 뒤 경찰에 신고해 그를 검거한다.

실제 기술을 이용한 케빈의 검거 과정도 영화에서 소개한 장면과 큰 차이가 없다.

1994년 12월 25일 오후 2시 9분경 케빈은 자신을 추적하던 스토무의 컴퓨터에 침입했다. 그렇지만 케빈이 침입한 스토무의 컴퓨터는 일종의 미끼였다. 케빈은 스토무의 컴퓨터를 보안 시스템으로 착각해 이를 무력화시키고자 일종의 DoS 공격을 퍼부었다. 해당 컴퓨터가 버퍼 오버플로우 상태에 빠지자 그는 미리 준비한 시카고 소재 모 대학교의 전산 계정을 이용해 해당 대학교의 컴퓨터에 접속한 뒤 거기서 스토무의 컴퓨터로 접근했다.

약 20분이 흘러 그는 TCP 연결 하이재킹 기법을 통해 접속 상태를 잠시 차단했다 연결해 스토무의 컴퓨터에 별도의 인증 절차를 생략하고 침입했다. 이러저러한 작업을 마친 케빈이 로그 기록을 삭제하려고 하는 순간 스토무가 이런 사실을 눈치챘다. 로그 기록은 스토무 자신이 근무하는 회사의 컴퓨터에서 감시하고 있었기 때문이다. 케빈이 스토무의 컴퓨터에서 여러 작업을 수행하는 동안 외부의 원격 컴퓨터에서 경보를 울리며 역추적에 돌입했다. IP 역추적과 휴대 전화 위치 추적 등을 통해 결국 FBI 요원이 현장을 덮치면서 케빈의 수배 생활도 종지부를 찍었다.

9

파일 및 예외 처리에 대한 이해

운영 체제에서 데이터를 저장하는 단위를 파일^{file}이라고 한다. 이번 장에서는 파일 처리에 대한 일련의 내용을 소개하겠다.

파이썬에서는 먼저 **open() 함수**를 이용해 파일를 생성한 뒤 생성한 파일에 문자열 등을 쓰고 읽는다. 그리고 **close() 함수**를 이용해 파일 사용을 종료한다. 이때 종료 처리는 흐름상 생략이 가능하지만 가급적 명시해 주도록 한다. 예제를 통해 확인해 보자.

다음과 같은 문장이 있다고 하자.

```
Python is a widely used general-purpose, high-level programming
language. Its design philosophy emphasizes code readability, and its
syntax allows programmers to express concepts in fewer lines of code
than would be possible in languages such as C/C++ or Java.
```

위의 문장을 메모리 공간에 올린 뒤 참조 변수로 하여금 해당 메모리 공간의 주소 번지를 참조케 하고 싶다면 예제 9-1과 같이 설정한다.

```
s = """Python is a widely used general-purpose, high-level programming
language. Its design philosophy emphasizes code readability, and its
syntax allows programmers to express concepts in fewer lines of code
than would be possible in languages such as C/C++ or Java."""
```

예제 9-1

처리할 문자열을 준비했다면 예제 9-2와 같이 처리한다.

```
f = open("t.txt", "w")
```

open( ) 함수를 이용해 t.txt라는 파일을 생성한 뒤 w 설정을 통해 해당 파일을 쓸 수 있는 상태
로 설정하고 참조 변수 f로 하여금 해당 메모리 공간의 주소 번지를 참조케 한다.

```
f.write(s)
```

write( ) 함수를 이용해 참조 변수 s가 참조하는 문장을 t.txt 파일에 쓰도록 한다. 이 부분을 실
행하면 참조 변수 s에 있는 문자열을 t.txt에 저장한다.

```
f = open("t.txt", "r")
```

이번에는 r 설정을 통해 t.txt라는 파일을 읽을 수 있는 상태로 설정한다. 참고로 r 모드는 **open( )
함수**의 기본 설정이기 때문에 **open("t.txt", "r")**은 **open("t.txt")**와 동일하다.

```
s = f.read()
```

read( ) 함수를 호출해 t.txt 파일에 저장한 문장을 읽어 메모리 공간에 올리면 참조 변수 s로 하
여금 해당 메모리 공간의 주소 번지를 참조케 한다.

```
print(s)
```

```
Python is a widely used general-purpose, high-level programming language.
Its design philosophy emphasizes code readability, and its syntax allows
programmers to express concepts in fewer lines of code than would be
possible in languages such as C/C++ or Java.
```

```
t.txt 파일에 저장한 문장을 위와 같이 출력한다.

f.close()

일련의 파일 처리를 종료한다. 앞서 말한 바와 같이 생략이 가능하지만 가급적 위와 같이 명시해 주도
록 한다.
```

예제 9-2

예제 9-2에서 보면 예제 9-1에서 작성한 문자열을 t.txt라는 파일에 쓴 뒤 이것을 다시 읽는 흐름이다. 이때 open() 함수와 write() 함수, read() 함수, close() 함수 등과 같이 총 4개의 함수를 이용해 일련의 파일 처리를 수행했다.

예제 9-1과 예제 9-2 내용을 기반으로 실제 파일로 작성해 보겠다.

```
cat > 09-03.py

#!/usr/bin/env python3

s = """Python is a widely used general-purpose, high-level programming
language. Its design philosophy emphasizes code readability, and its
syntax allows programmers to express concepts in fewer lines of code
than would be possible in languages such as C/C++ or Java."""

f = open("t.txt", "w")
f.write(s)
f = open("t.txt", "r")
s = f.read()
print(s)
f.close()
^C

python3 09-03.py

Python is a widely used general-purpose, high-level programming language.
```

```
Its design philosophy emphasizes code readability, and its syntax
allows programmers to express concepts in fewer lines of code than
would be possible in languages such as C/C++ or Java.
```

예제 9-3

예제 9-3에서 사용한 **open() 함수**를 자세히 보면 괄호 안에 ("t.txt", "w") 또는 ("t. txt", "r") 등과 같은 설정을 볼 수 있다. w라면 t.txt 파일에 문자열 등을 쓴다는 의미이고 r이라면 t.txt 파일에서부터 문자열 등을 읽어 온다는 의미다. 또한 t.txt로 설정하면 새롭게 t.txt라는 파일이 생긴다.

만약 기존의 t.txt 파일에 새로운 문자열을 작성하면 어떤 결과가 일어날까? 예제 9-4와 같이 작성해 실행 결과를 확인해 보자.

```
cat > 09-04.py

#!/usr/bin/env python3

s = "Empty!"

f = open("t.txt", "w")
f.write(s)
f = open("t.txt", "r")
s = f.read()
print(s)
f.close()
^C

python3 09-04.py

Empty!
```

예제 9-4

f = open("t.txt", "w")와 f.write(s)에서 보는 바와 같이 기존의 t.txt 파일에 새로운

문자열 Empty!를 작성하면 실행 결과처럼 이전에 작성한 문자열은 지워지고 새로운 문자열로 덮어쓰음을 알 수 있다. 예제 9-3은 파일 처리를 위한 가장 전형적인 예인 만큼 가급적 기억해 두기 바란다.

파일 처리를 위한 함수의 기능과 종류에는 이외에도 몇 가지 추가할 부분이 있지만 여기서는 가장 기본적인 기능만 설명하겠다. 추가 기능에 대한 설명이 필요하다면 해당 내용이 나올 때마다 보충하도록 하겠다.

한편 소스 코드를 작성하다 보면 이러저러한 오타 등을 경험할 수 있다. 이때마다 파이썬에서는 이런 내용을 **오류**error로 간주해 적절한 경고문 등을 출력해 준다(이미 예제 4-18 NameError와 예제 6-2 TypeError 그리고 예제 6-7 AttributeError 등을 접한 적이 있다). 파이썬에서 발생하는 오류는 크게 구문 오류syntax error와 실행 오류runtime error로 구분할 수 있다. 파이썬에서 발생하는 오류의 종류를 확인해 보자. 먼저 **구문 오류**의 예는 예제 9-5와 같다.

```
>>> print("Hello)
  File "<stdin>", line 1
    print("Hello)
                ^
SyntaxError: EOL while scanning string literal
```

예제 9-5

예제 9-5의 경우는 문자열인 "Hello"를 "Hello로 입력하면서 발생한 오류다. 이때 ^ 표시를 출력하는데 ^ 표시를 전후로 오류가 발생했다는 의미다. 이처럼 파이썬에서 **미리 설정한 철자와 문법 규칙을 위반했을 때 발생하는 오류를 구문 오류**라고 한다. 반면 **실행 오류는 해당 소스 코드를 실행하기 선에는 오류 여부를 알 수 없고 실행 이후에만 알 수 있는 오류를** 의미한다. 실행 오류의 예는 예제 9-6과 같다.

```
>>> print("Hello" + 5)
Traceback (most recent call last):
  File "<stdin>", line 1, in <module>
```

```
TypeError: Can't convert 'int' object to str implicitly
```

예제 9-6

예제 9-5와 비교할 때 예제 9-6에서는 **문자열** "Hello"와 **정수** 5 모두 정상이다. 그렇지만 두 개의 데이터 타입을 실행해 보니 파이썬에서는 문자열과 숫자를 결합할 수가 없기 때문에 오류임을 판단하고 경고문을 출력했다(구문 오류와 달리 실행 오류에서는 Traceback이라는 표시가 뜬다). 이와 같이 파이썬에서는 구문 오류와 실행 오류를 예외exception라고 하며 **예외를 적절하게 처리하는 방식**을 예외 처리exception handling라고 한다.

파이썬에서는 if-elif-else 문처럼 try-except-else-finally 문을 제공함으로써 예외를 적절하게 처리할 수 있도록 해 준다. 이제부터 예를 통해 파이썬에서 제공하는 예외 처리를 하나씩 확인해 보자. 먼저 예제 9-7처럼 예외 처리가 없는 내용부터 살펴보자.

```
cat > 09-07.py

#!/usr/bin/env python3

myfile = open("python.txt", "w")

python.txt를 설정한다.

myfile.write("Hello Python")

"Hello Python"처럼 간단한 문자열을 처리하고 싶을 때는 예제 9-3과 달리 write("Hello
Python") 문처럼 입력할 수도 있다.

myfile.flush()

flush() 함수는 이전에 사용하고 남은 데이터를 모두 비우겠다는 의미다. 마치 변기에 물을 내리는
것과 같은 기능이다.

myfile = open("ppython.txt", "r")
```

```
예외를 발생시키기 위해 일부러 python.txt가 아닌 ppython.txt로 설정했다.

myfile.close()
^C

python3 09-07.py

Traceback (most recent call last):
File "09-07.py", line 8, in <module>
myfile = open("ppython.txt", "r")
FileNotFoundError: [Errno 2] No such file or directory: 'ppython.txt'

Traceback이라는 표시에서 보는 바와 같이 실행 오류가 발생했다. 오류가 발생한 영역은 open
("ppython.txt", "r") 영역이다.
```

예제 9-7

예제 9-7을 실행하면 ppython.txt 때문에 실행 오류, 다시 말해서 **예외**가 발생했다. 이때 FileNotFoundError가 예외 종류에 해당하고 No such file or directory가 예외 내용에 해당한다.

이제 open("ppython.txt", "r") 문처럼 오류가 발생할 가능성이 있는 영역에 예외 처리를 설정하면 해당 문에서 오류가 발생할 경우 적절한 예외 처리를 수행한다. 가장 기본적인 try-except 문에 따른 예외 처리 설정은 예제 9-8과 같다.

```
cat > 09-08.py

#!/usr/bin/env python3

myfile = open("python.txt", "w")
myfile.write("Hello Python")
myfile.flush()

try:
```

```
        myfile = open("ppython.txt", "r")
```

오류가 발생할 수 있는 영역에 **try** 문을 설정한다.

```
except:
        print("IOError")
```

오류가 발생한 경우 처리할 **예외 종류**를 설정한다.

```
myfile.close()
^C

python3 09-08.py

IOError
```

try 문에 설정한 영역에서 오류가 발생하면 **except** 문에 설정한 오류 내용을 출력해 준다.

예제 9-8

이번에는 예제 9-8과 달리 예외 내용을 출력하도록 예제 9-9와 같이 설정한다.

```
cat > 09-09.py

#!/usr/bin/env python3

myfile = open("python.txt", "w")
myfile.write("Hello Python")
myfile.flush()

try:
        myfile = open("ppython.txt", "r")
except IOError as msg:
```

except IOError as msg처럼 **except-as** 문를 이용해 오류가 발생한 객체를 변수에 저장할 수 있다. 다시 말해 **예외 종류**에 속하는 **예외 내용**을 **msg**에 저장할 수 있다.

```
        print(msg)

myfile.close()
^C

python3 09-09.py

[Errno 2] No such file or directory: 'ppython.txt'
```

except IOError as msg 문을 통해 예외 내용을 출력해 준다.

예제 9-9

그런데 만약 예제 9-9에서 오류가 없다면 예외 처리는 어떤 방식으로 처리해야 할까? 예제 9-9에서 작성했던 open("ppython.txt", "r") 문을 정상적으로 수정한 뒤 try-except-else 문을 이용해 예제 9-10과 같이 작성한다.

```
cat > 09-10.py

#!/usr/bin/env python3

myfile = open("python.txt", "w")
myfile.write("Hello Python")
myfile.flush()

try:
        myfile = open("python.txt", "r")

open("ppython.txt", "r")에서 open("python.txt", "r")로 수정

except IOError as msg:
        print(msg)
else:
        print("No Exception Handling!")
```

```
try-except-else 문을 이용해 IOError 오류가 없으면 No Exception Handling!이라
는 문자열을 출력하도록 설정

myfile.close()
^C

python3 09-10.py

No Exception Handling!

오류가 없기 때문에 else 문에 설정한 문자열을 출력
```

예제 9-10

예제 9-10에서 보는 바와 같이 확실히 try-except-else 문은 if-else 문을 연상케 한
다. 이런 점에서 파이썬의 예외 처리를 일종의 오류 대비 안전 장치와 같은 기능이라
할 수 있겠다.

이제 마지막으로 try-except-else-finally 문을 활용한 예제를 확인해 보자.

```
cat > 09-11.py

#!/usr/bin/env python3

myfile = open("python.txt", "w")
myfile.write("Hello Python")
myfile.flush()

try:
        myfile = open("python.txt", "r")
except IOError as msg:
        print(msg)
else:
        print("No Exception Handling!")
finally:
        myfile.close()
```

```
        print("Finally!")

finally 문에 설정한 내용은 무조건 실행한다.
^C

python3 09-11.py

No Exception Handling!
Finally!

finally 문에 설정한 myfile.close() 문을 처리한 뒤 print() 함수를 실행했다. 이와 같이
finally 문에 설정한 내용은 예외 발생 여부와 무관하게 무조건 실행한다.
```

예제 9-11

예제 9-8부터 예제 9-11까지 예제는 파이썬에서 제공하는 예외 처리의 전형적인
예이다. 잘 기억하기 바란다.

파이썬에서는 예외 처리를 위해 이밖에도 raise/assert 문도 제공한다. raise 문은 **사
용자가 오류 내용을 임의로 또는 강제로 설정할 때 사용**하고 assert 문은 **소스 코드에서 디버
깅할 때 사용**한다. 두 개 모두 예외 처리를 위한 부가 기능이다.

예제 9-12와 같이 raise 문을 이용해 사용자가 설정한 예외 내용을 강제로 출력시킬
수 있다.

```
>>> raise NameError
Traceback (most recent call last):
  File "<stdin>", line 1, in <module>
NameError

예외 종류만 강제로 출력해 준다.

>>> raise NameError("my own error!")
Traceback (most recent call last):
  File "<stdin>", line 1, in <module>
NameError: my own error!
```

예외 종류와 사용자가 설정한 예외 내용 모두를 강제로 출력해 준다.

예제 9-12

예제 9-12를 기반으로 raise 문을 예제 9-13과 같이 사용한다.

```
if something:
        raise Exception("My error!")
try:
        generate_exception()
except SomeException as e:
        if not can_handle(e):
                raise
        handle_exception(e)
```

예제 9-13

예제 9-13과 같이 raise Exception("My error!") 문이 아닌 raise 문을 단독으로 사용하면 최근에 발생했던 예외를 출력하고, 최근에 발생한 예외가 없다면 RuntimeError를 출력한다(예제 10-15에서 좀 더 구체적인 예를 확인해 보겠다).

계속해서 assert 문의 경우를 확인해 보자. assert 문은 주로 함수나 클래스 등에서 **디버깅 용도로 사용**한다.

```
>>> assert True
>>> assert False

Traceback (most recent call last):
  File "<stdin>", line 1, in <module>
AssertionError

시험할 소스 코드의 조건이 거짓인 경우 AssertionError 오류가 발생한다.
```

예제 9-14

예제 9-14의 속성에 따라 assert 문을 예제 9-15와 같이 양의 정수만을 선택하는데 활용할 수 있다.

```
number = input("Enter a positive number:")

assert(number > 0), "Only positive numbers are allowed!"
```

예제 9-15

예제 9-15는 사실상 예제 9-16과 같은 의미다.

```
number = input("Enter a positive number:")

if number > 0:
        print("Only positive numbers are allowed!")
```

예제 9-16

예제 9-16처럼 assert 문이 아닌 if 문으로도 구현 가능함을 알 수 있다.

이상으로 파일 및 예외 처리와 관련한 설명을 마치겠다.

10

함수에 대한 이해

함수^{function}란 **반복적으로 수행하는 소스 코드의 집합체를 의미**한다. 다시 말해 소스 코드를 작성하면서 반복적인 소스 코드가 자주 등장한다면 반복적인 소스 코드 영역을 별도의 집합체로 설정한 뒤 해당 집합체의 이름만을 명시하면 해당 소스 코드를 실행할 수 있도록 구현한 것이 바로 함수다. 컴퓨터 언어에서 **변수**와 더불어 함수는 핵심적인 구성 요소로서 사실 우리는 지금까지 모든 장에서 **함수**를 사용했다. 그런 만큼 함수 형식이나 사용 등은 익숙한 상황이다.

함수에는 내장 함수$^{built-in\ function}$와 사용자 정의 함수$^{user-defined\ Function}$가 있다. **내장 함수**란 예제 3-7에서 이미 본 바와 같이 파이썬에서 제공하는 함수로서 **기본 함수**라고도 부른다. 엑셀에서 제공하는 통계 함수나 논리 함수 등도 내장 함수에 해당한다. 또한 예제 4-14의 **print(ideology)** 에서와 같이 변수나 문자열 등을 출력하기 위해 **함수명을 명시해 함수의 기능을 실행**할 때 이것을 함수 호출$^{function\ call}$이라고 한다(함수 호출은 사실 의식적이든 무의식적이든 거의 각 장에서 사용했다). 엑셀에서 합계를 구할 때 단순히 sum()이라고 명시하면 해당 기능에 따라 합계를 구할 수 있는 이치와 동일하다. 반면 사용자가 필요에 따라 임의로 작성한 함수를 **사용자 정의 함수**라고 한다. 이번 장에서는 사용자 정의 함수를 중심으로 함수 전반에 대한 특징을 정리해 보자.

먼저 함수의 형식부터 확인해 보자. 사용자 정의 함수의 형식은 이미 예제 1-2의 factorial() 함수에서 본 적이 있다.

```
def f1( ):
    pass
```

def 문을 이용해 **f1**이라는 이름의 **사용자 정의 함수를 생성**하겠다는 의미다. 이때 괄호는 **튜플에 해**당하며 콜론까지를 함수의 **헤더**라고 부른다. 콜론 이후는 함수의 **바디**에 해당한다. 함수의 바디를 작성할 때에는 제어문에서와 같이 들여쓰기를 정확하게 사용해야 한다. 한편 **pass** 문은 **해당 영역을 공백처리하겠다는 의미**다. 파이썬에서 자주 사용하는 기능인 만큼 기억해 두기 바란다.

```
def f2(x, y):
    z = x + y
```

f1과 달리 f2 괄호 안에는 두 개의 참조 변수 x와 y가 있다. **함수의 괄호에 설정한 참조 변수를 인자** argument라고 부른다. **함수에 인자가 있다는 것은 함수 호출 시 입력 값을 받는다는 의미**와 같다. f2 함수에서는 두 개의 입력 값을 받아 덧셈을 수행한다.

```
def f3(x, y):
    z = x + y
    return z
```

f2 함수와 달리 f3 함수에는 **return** 문을 통해 처리한 결과를 반환해 준다. return 문 유무에 따른 f2 함수와 f3 함수의 차이는 예제 10-3과 예제 10-4에서 확인해 보겠다.

예제 10-1

이번에는 **객체지향**으로서 파이썬 함수의 특징을 알아보자.

먼저 **함수명의 기능**이다. def 문은 단순히 함수 헤더의 시작을 알릴 뿐 아니라 **함수 객체를 생성한 뒤 해당 객체를 함수명에 할당하는 기능**을 수행한다. 다시 말해 **함수명 자체가 함수 객체의 참조 변수**라고 할 수 있다. 함수명을 출력하면 함수 객체의 정보를 예제

10-2와 같이 확인할 수 있다.

```
cat > 10-02.py

#!/usr/bin/env python3

def plus(x, y):
        z = x + y

print(plus)

print() 함수를 호출해 함수명 plus를 출력

^C

python3 10-02.py

<function plus at 0xb712bbb4>

사용자 정의 함수 plus() 객체가 위치한 메모리 공간의 주소 번지를 출력
```

예제 10-2

예제 10-2에서 보는 바와 같이 plus() 함수 객체(함수 안에 있는 z = x + y)가 생기면서 메모리 공간 0xb712bbb4 번지에 올라가면 **함수명이면서 동시에 참조 변수인** plus가 0xb712bbb4 번지에 올라간 **해당 함수 객체를 참조**한다.

예제 10-2와 같이 **함수명 자체가 참조 변수**라고 한다면 예제 10-3과 같이 사용할 수도 있다.

```
cat > 10-03.py

#!/usr/bin/env python3

def plus(x, y):
    z = x + y
```

```
add = plus
```

예제 4-18의 f2 = f1과 같이, add 참조 변수가 plus 참조 변수를 참조한다.

```
number = add(10, 20)
```

함수 객체의 참조 변수가 함수명, 다시 말해 함수 자체이기 때문에 **add( )** 함수가 곧 **plus( )** 함수다. 따라서 add(10, 20) 결과는 plus(10, 20) 결과를 의미하고 해당 결과를 number 참조 변수에 저장한다. 이것은 결론적으로 함수명을 변경해 호출할 수 있다는 것을 의미한다.

```
print(number)
^C

python3 10-03.py

None
```

plus( ) 함수에는 **return** 문이 없기 때문에 계산 결과가 안 나온다.

예제 10-3

이번에는 return 문이 있는 경우를 보자.

```
cat > 10-04.py

#!/usr/bin/env python3

def plus(x, y):
    z = x + y
    return z
```

예제 10-3과 달리 **return** 문을 추가

```
add = plus

number = add(10, 20)
```

```
print(number)
^C

python3 10-04.py

30
```

예제 10-3과 달리 **plus( )** 함수에는 **return** 문이 있기 때문에 계산한 결과가 나온다.

예제 10-4

예제 10-3과 예제 10-4를 통해 **함수명 자체가 참조 변수**인 것도 확인했고 return 문의 개념도 확인했다. 사실 **함수명 자체가 참조 변수**라는 사실을 금방 이해할 수 있는 내용 은 아니다. 너무 조급하게 생각하지 말고 틈날 때마다 천천히 터득하도록 하자. 다만 **반환문**return 유무에 따른 **차이점**은 정확히 알고 넘어가기 바란다.

함수의 다음 특징은 함수에서 사용하는 **인자도 참조 변수**라는 점이다. 그런 만큼 **인자 가 값을 넘길 때**는 실제 값을 넘기는 것이 아니라 **참조 변수가 참조하는 참조 대상을 넘기 는 것**이다. 내용이 어렵게 느껴진다. 예제 10-5를 집중해 살펴보자.

```
cat > 10-05.py

#!/usr/bin/env python3

r = 10

10이란 숫자 객체가 메모리 공간에 올라가면 참조 변수 r이 해당 객체의 메모리 공간 주소를 참조한다.

def f(p):
    p = 100
    return p

f( ) 함수 안에서 100이란 숫자 객체가 메모리 공간에 올라가면 참조 변수 p가 해당 객체의 메모리
공간 주소를 참조할 뿐만 아니라 인자 p도 해당 객체의 메모리 공간 주소를 참조한다.
```

```
print(f(r))
```

f( ) 함수를 호출하는 순간 인자 p는 100이란 숫자 객체가 아닌 인자 r이 참조하는 대상을 참조한다. 다시 말해 p = r이기 때문에 p는 10을 참조하는 상태다. 그러나 함수의 바디에서 p는 다시 100이란 객체를 참조한 뒤 return 문을 통해 반환하기 때문에 결과적으로 100을 출력한다.

```
print(f(10))
```

f( ) 함수를 호출하는 순간 인자 p는 10을 참조하지만 함수의 바디 안에서 p는 다시 객체 100을 참조한다. 따라서 **f( ) 함수**에서 return 문을 통해 반환하는 값은 인자 10이 아닌 객체 100이기 때문에 최종적으로는 100을 출력한다.

```
print(r)
^C
```

이런 변화에도 불구하고 참조 변수 r이 참조하는 대상은 여전히 10이다. 결론적으로 인자 p는 **f( ) 함수**를 호출하는 순간과 **f( ) 함수**를 반환하는 순간에 참조하는 객체가 일시적으로 변한다. 이러한 인수 전달 방식을 객체에 의한 호출^{call by object}이라고 한다.

```
python3 10-05.py

100
```

print(f(r)) 함수에 의한 출력

```
100
```

print(f(10)) 함수에 의한 출력

```
10
```

print(r) 함수에 의한 출력

예제 10-5

예제 10-5도 예제 10-4와 마찬가지로 금방 이해할 수 있는 내용은 아니다. 예제 4-18을 다시 확인하면서 천천히 읽어보기 바란다.

함수에는 기본 인자라는 기능도 있다. 기본 인자^{default argument}란 **함수를 호출할 때 해당 인자가 없어도 인자 자신의 기본 값을 취하도록 하는 기능**이다. 예제 10-6을 통해 구체적인 사용 예를 보자.

```
cat > 10-06.py

#!/usr/bin/env python3

def add(x, y = 20):
    return x + y

두 개의 인자를 입력받도록 설정하면서 인자 y를 기본 인자로 설정

a = add(10, 30)
print(a)

두 개의 값을 인자에 전달하면 기본 인자는 무시하고 계산

b = add(10)
print(b)
^C

한 개의 값만을 인자에 전달하면 남은 인자는 기본 인자 y = 20에 의해 계산

python3 10-06.py

40

두 개의 인자 10과 30을 더한 결과

30
```

예제 10-6

예약어를 인자로도 이용할 수 있다. 예약어 인자를 이용하면 인자에는 순서가 없다.
예약어 인자는 예제 10-7과 같다.

```
cat > 10-07.py

#!/usr/bin/env python3

def area(height, width = 200):
    return height * width

a = area(width = 20, height = 10)

함수 호출 시에는 각각의 인자명을 이용하기 때문에 인자의 순서에는 의미가 없다. 두 개의 예약어
width와 height를 인자에 전달하면 기본 인자 width = 200은 무시하고 계산한다.

print(a)

b = area(height = 100)

한 개의 예약어만을 인자에 전달하면 남은 예약어는 기본 인자 width = 200에 의해 계산한다.

print(b)

c = area(1000)

함수 호출 시 예약어 인자가 아닌 일반 인자를 이용할 수도 있다. 한 개의 인자만을 인자에 전달하면 남
은 예약어는 기본 인자 width = 200에 의해 계산한다.

print(c)
^C

python3 10-07.py
```

```
200

위의 200은 width 20 * height 10 결과

20000

위의 20000은 height 100 * width 200 결과

200000

위의 200000은 1000 * width 200 결과
```

예제 10-7

제6장에서 **튜플**은 **함수의 인자나 함수의 반환으로 많이 사용**한다고 설명한 적이 있다. 예제 10-8이 이러한 내용과 관련이 있다.

```
cat > 10-08.py

#!/usr/bin/env python3

def tupleType(parameter, *argument):
        return (parameter, argument)

반환 타입을 두 개의 아이템 parameter와 argument로 이루어진 튜플로 설정한다.

x = tupleType(10)

함수 호출 시 인자 10은 인자 parameter에만 전달한다.

print(x)

(x, y) = tupleType(10, 20)

함수 호출 시 인자 10은 인자 parameter에 전달하고 인자 20은 인자 *argument에 전달한다.
```

```
print((x, y))

(x, y) = tupleType(10, 20, 30)
```

함수 호출 시 인자 10은 인자 parameter에 전달하고 인자 20과 30은 인자 *argument에 전달
한다.

```
print((x, y))
^C

python3 10-08.py

(10, ())
```

인자 *argument에 해당하는 값이 없기 때문에 공백 튜플로 나온다.

```
(10, (20,))
```

인자 *argument에 해당하는 값 20이 튜플 타입으로 나온다.

```
(10, (20, 30))
```

인자 *argument에 해당하는 값 20과 30이 튜플 타입으로 나온다.

예제 10-8

딕트 타입을 함수의 반환문으로 사용할 수도 있다.

```
cat > 10-09.py

#!/usr/bin/env python3

def dictType(a, b, **c):
    print(a, b)
    return c
```

```
print(dictType(a = 10, b = 20, c = 30, d = 40))
^C

python3 10-09.py

10 20
{'c': 30, 'd': 40}
```

함수를 호출할 때 인수 c와 d는 모두 인자 **c에 전달하며 인자 **c에 해당하는 출력 결과는 딕트 타입이다.

예제 10-9

C 또는 자바 등을 경험한 상태에서 예제 10-8과 예제 10-9 내용을 접하면 많이 어색하고 생소할 수 있다. 익숙할 때까지 반복하기 바란다.

한편 변수를 저장한 공간을 이름 공간name space 또는 스코프scope라고 한다. 파이썬에서 스코프는 지역local 공간과 전역global 공간 그리고 내장built-in 공간으로 구분한다. 파이썬에서는 변수명을 검색할 때 지역 공간에서 제일 먼저 검색을 시작해 점차 전역 공간과 내장 공간으로 확대해 나간다. 이것을 LGB 규칙이라고도 한다. 상당히 추상적인 내용이다. 예제 10-10을 통해 확인해 보자.

```
cat > 10-10.py

#!/usr/bin/env python3

a = 100
```

f() 함수 외부에 변수 a를 선언한다. 이때 변수 a를 전역 변수global variable라고 한다 (더 엄밀하게 말하자면 전역 참조 변수라고 한다).

```
def f():
    a = 10
    b = 20
    c = a + b
```

```
    return c
```

f() 함수 내부에 변수 **a**를 선언한다. 이때 변수 **a**를 지역 변수^{local variable}라고 한다(더 엄밀하게 말하자면 **지역 참조 변수**라고 한다). 이런 경우 함수 외부와 내부에 각각 동일한 변수명이 있다고 할 수 있다. 그렇다면 **f()** 함수 안에서 수행한 c = a + b 계산 결과는 120일까 아니면 30일까? **LGB 규칙**에 따르면 파이썬은 **지역 공간(함수 내부)**에서 변수명을 검색하고, 만약 없다면 **전역 공간(함수 외부)**으로 넘어가기 때문에 지역 공간에 있는 변수, 다시 말해 지역 변수 **a**를 가지고 지역변수 **b**와 덧셈을 수행한다.

```
print(f())
^C

python3 10-10.py

30
```

지역 변수 **a**와 지역 변수 **b**의 덧셈 결과를 출력해 준다.

예제 10-10

전역 변수명과 지역 변수명이 동일한 경우 예제 10-10에서 보는 바와 같이 **지역 변수명이 우선함**을 알 수 있다. 만약 전역 변수명과 지역 변수명이 동일한 경우 전역 변수를 우선적으로 적용하고 싶다면 어떻게 해야 할까? 예제 10-11과 같이 작성하면 지역 변수가 아닌 전역 변수를 우선적으로 사용할 수 있다.

```
cat > 10-11.py

#!/usr/bin/env python3

a = 100

def f():
    global a
    b = 20
    c = a + b
```

```
    return c
```

지역 공간에서 지역 변수 a 앞에 global 문을 붙이면 전역 변수를 지역 공간에서 사용할 수 있다. 다시 말해 지역 변수에 우선해 사용할 수가 있다.

```
print(f())
^C

python3 10-11.py

120
```

전역 변수 a와 지역 변수 b의 덧셈 결과를 출력해 준다.

예제 10-11

함수 특징을 정리하는 차원에서 절대 값을 구하기 위해 내장 함수와 사용자 정의 함수 모두를 이용해 보겠다. 먼저 내장 함수에 해당하는 **abs() 함수**를 이용해 대화식 모드에서 예제 10-12와 같이 절대 값을 구할 수 있다.

```
>>> print(abs(-10))
 10
```

예제 10-12

예제 10-12에서 보는 바와 같이 -10을 **abs() 함수**에 입력하니까 절대 값 10을 출력해 주었다. 동일한 기능을 이번에는 사용자 정의 함수를 통해 구현해 보겠다. 해당 내용은 예제 10-13과 같다.

```
cat > 10-13.py

#!/usr/bin/env python3

def myabs(x):
    if x < 0:
```

```
            x = -x
    return x

조건문에 따라 입력받은 값이 음수일 경우 x = -x처럼 양수로 변경해 절대 값을 구할 수 있다.

print(myabs(-10))
^C

python3 10-13.py

10
```

예제 10-13

이번에는 축약 함수의 개념을 보자. 축약 함수란 **함수명이 없는 한 줄짜리 함수를 의미**한다. 람다lambda 함수라고도 부른다. 참고로 람다 함수는 AutoCAD라는 설계 분야와 **인공 지능**AI 분야 등에서 사용하는 Lisp 언어에서 기인한다고 알려졌다.

축약 함수에는 반환하기 위한 return 문이 없고 함수의 바디에는 문statement이 아닌 식expression이 온다. 또한 축약 함수는 **함수 참조를 반환**한다.

예제 10-14를 통해 일반 함수와 축약 함수를 비교해 보자. **축약 함수는 함수 호출 시 함수를 인자로 사용할 때 이용**한다.

```
cat > 10-14.py

#!/usr/bin/env python3

def add(x, y):
    return x + y

일반 함수 add() 설정

print(add(10, 20))

일반 함수 add() 호출
```

```
general = lambda x, y: x + y
```

함수명은 없고 **lambda** 예약어를 이용해 축약 함수를 설정한다. 해당 축약 함수는 x와 y 두 개의 인자를 이용해 x + y 계산 결과를 반환한다. 축약 함수는 함수 참조를 반환하기 때문에 return 문이 없다. 대신 임의의 참조 변수 general을 이용해 축약 함수를 호출한다.

```
print(general(10, 20))

축약 함수의 호출
^C

python3 10-14.py

30

일반 함수 호출 결과

30

축약 함수 호출 결과
```

예제 10-14

끝으로 예제 9-13에서 소개한 raise 문에 대한 사용자 정의 함수를 예제 10-15처럼 작성해 보겠다. 동시에 예제 9-13의 raise 문에 대한 구체적인 예이다.

```
cat > 10-15.py

#!/usr/bin/python3

def functionScore(score):
        if score >= 101:
                raise Exception("Check your score again!")
        return score
```

인자 score가 102 이상이면 raise 문으로 설정한 예외 내용을 출력하도록 사용자 정의 함수를 작성한다.

```
score = int(input("Enter your score! "))
```

사용자로부터 점수를 입력받는다. **input()** 함수는 예제 8-4 등에서 소개한 적이 있다.

```
try:
        result = functionScore(score)
        print("Your score is =", result)
```

functionScore(score)처럼 함수 호출이 발생하면 **functionScore()** 함수에서 입력받은 점수가 설정한 범위 안에 있는가를 확인한 뒤 범위 안에 있다면 해당 점수를 반환해 참조 변수 result에서 참조한다.

```
except Exception as Error:
        print(Error)
```

functionScore() 함수에서 입력받은 점수가 범위를 벗어나면 **raise** 문으로 설정한 예외 내용을 **Error**에서 받아 출력해 준다.
^C

예제 10-15

이제 예제 10-15에서 작성한 내용을 예제 10-16처럼 실행해 보자.

```
python3 10-15.py

Enter your score! 100
```

해당 파일을 실행하면 점수 입력창이 뜬다. 100이라고 입력한다.

```
Your score is = 100
```

functionScore() 함수에서 설정한 범위 안에 있기 때문에 if 문을 무시하고 입력한 값을 그대로 반환받아 출력해 준다.

예제 10-16

예제 10-16과 반대로 범위를 벗어나는 점수를 입력하면 예제 10-17과 같은 결과를 얻을 수 있다.

```
python3 10-15.py

Enter your score! 102

해당 파일을 실행하면 점수 입력창이 뜬다.  102라고 입력한다.

Check your score again!

functionScore( ) 함수에서 설정한 범위 안에 없기 때문에 if 문에 따라 raise 문으로 작성
한 예외 내용을 Error에서 받아 출력해 준다.
```

예제 10-17

다른 장과 비교할 때 까다로운 내용이 많았다. 까다로운 내용은 반복해 익히도록 하자.

이상으로 함수와 관련한 설명을 마치겠다.

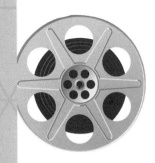

네트워크 세대의 한 단면을
잘 묘사한 청춘 영화

가끔 과거의 영화들을 보면 흑진주와 같은 작품들을 발견하곤 한다. 개봉 당시 대박이 났어야 할 작품이거나 관객들로부터 주목받았어야 할 작품이지만 불행히도 그렇지 못한 영화가 바로 흑진주에 해당한다. 최호의 〈후아유〉도 다시금 뒤돌아 보면 분명 흑진주와 같은 작품이다.

〈후아유〉에서 감독은 잠자리에서 일어나 누울 때까지 인터넷과 모바일 등이 일상의 한 부분을 차지하는 이른바 네트워크 세대의 독특한 언어 습관과 사고 방식 등을 차분한 필치로 묘사했다.

관객들은 〈후아유〉를 통해 익명성과 폐쇄성에 의존해 자신을 드러내려는 여자 주인공과 오프라인, 온라인 사이에서 자기 정체성에 혼동하는 남자 주인공 등을 보면서 자신의 위상을 가늠할 수 있다. 특히 초고속 인터넷 강국이라는 대한민국에서 일상을 영위하는 우리들에게는 분명 무언가를 생각케 하는 영화다.

〈후아유〉는 개봉 당시 2002년 월드컵이라는 국제 축구 대회와 홍보 부족 등으로 관객 동원에 실패하는 비운을 경험했다. 좋은 영화를 사랑하는 사람들에게는 참으로 유감스런 일이다. 그나마 다행스런 일은 관객 동원 실패 이후에도 이러저러한 경로를 통해 많은 사람들이 영화의 의미와 가치를 높게 평가하고 있다는 점이다. 1년 후 〈후아유〉는 네티즌들의 요청에 의해 DVD 출시에 맞춰 극장에서 재개봉한 바 있다.

가상 현실에 기반한 채팅 게임 '후아유'를 통해 대박을 꿈꾸는 지형태(조승우)는 우연한 기회에 '별'이라는 아이디로 베타 테스터에 참가한 서인주(이나영)와 만난다. 그는 그녀에게 호감을 느끼지만 인주에게 형태는 그저 돈이나 밝히는 속물로만 보일 뿐 도무지 관심이 없다. 인주의 관심은 오직 자신의 채팅 파트너인 '멜로'에게만 있다. 그녀에게 멜로는 자신의 모든 고민을 들어주고 이해해 주는, 그래서 언젠가는 만나고 싶은 친구다.

그녀는 멜로에게 자신의 치명적 장애인 청각 상실을 고백한다. 그녀는 자신의 청각 장애와 자폐증 사이의 관계에 대해 그에게 말한다.

"내가 못 알아들으면 다들 어쩔 줄 몰라해. 미안. 미안. 미안. 그럼 난 더 씩씩한 척 더 열심히 하는 척 항상 명랑 소녀가 된다. 그래서 새로운 사람은 절대 만나기 싫어. 날 설명해야 하잖아."

이 장면은 네트워크 세대의 익명성과 폐쇄성을 함축한다. 인터넷에 접속한 자신은 상대방에게 자신을 특별히 설명하지 않아도 괜찮다. 필요하다면 아바타로 자신을 표현하면 그만이다. 개방적 공간으로 나가길 주저하는 현대인의 심리를 반영한 대사다.

그러나 인주가 좋아하는 멜로는 사실 형태다. 자신의 동료에게 물려받은 멜로라는 아이디로 형태는 인주를 속이고 있었다.

처음에는 장난으로 시작한 일이었지만 점차 그녀에게 사랑을 느끼면서 자신의 정체를 밝힐 기회를 놓치고 만다. 그러다 우연히 그녀의 과거를 인터넷 기사를 통해 알고 이후 그녀로부터 그녀의 청각 장애 고백을 듣는다. 이로 인해 인주가 자신을 대하는 싸늘한 시선과 멜로를 대하는 따뜻한 시선 사이에서 형태는 자기 자신에 대한 질투에 빠지고 결국 별이에게 만남을 청한다.

그렇지만 약속 장소까지 나간 형태는 인주를 피한다. 주의 깊게 본 관객이라면 해당 장면에서 거울에 비친 형태의 모습을 볼 수 있다. 실제 대상과 거울의 대상이 끝없이 이어지는 장면이야말로 네트워크 세대들이 경험할 수 있는 자기 정체성의 혼란을 극적으로 표현한 부분이다. 영화의 주제 의식이 가장 잘 드러난 장면이기도 하다.

〈후아유〉에서 두 주인공으로 나온 조승우와 이나영의 연기도 빼놓을 수 없는 부분이다. 네트워크 세대의 톡톡 튀는 감성을 연기한 이 둘의 연기는 안정감 있었다. PC 앞에서 별이를 위해 노래를 불러주던 조승우의 모습은 많은 관객들에게 깊은 인상을 남겼다.

구로츠치 미츠오Mitsuo Kurotsuchi의 〈에이지〉나 박희준의 〈천사몽〉에서 야성적인 여인상을 보여 주었으나 흥행 참패 등으로 연기의 외곽으로 밀려날 뻔한 이나영의 새로운 변신도 언급할 만하다. 그녀는 〈후아유〉를 통해 본격적으로 확고한 정상에 오르는 계기를 마련했다. 이나영은 이후 〈네 멋대로 해라〉란 드라마에서 전경 역으로 출연하면서 자신만의 독특한 분위기를 더욱 완성하기도 했다.

일반인들에게 호기심의 대상일 수도 있는 인터넷 기업 종사자들의 근무 방식이나 일상 생활 또는 이제는 일상적인 부분이기도 한 이른바 동호회 번개 등을 보는 일도 〈후아유〉의 재미를 더해 준다.

11

모듈과 패키지에 대한 이해

파이썬에서 파일이란 각종 데이터 타입과 if 또는 for 등과 같은 문, 그리고 함수로 이루어진 단위를 의미한다. **확장자 py**로 저장한 소스 코드의 집합체가 바로 파일이다. 이때 서로 다른 파일 사이에서 **연관 관계**가 있을 때 모듈module 또는 라이브러리library라고 부른다. 마치 웹에서 문서와 문서 사이에 상호 연동이 가능할 때 해당 문서를 HTML 문서라고 부르는 개념과 비슷하다. 또한 클래스와 모듈을 합쳐 프레임워크framework라고 부른다.

모듈을 사용하는 가장 큰 이유는 소스 코드의 **재사용** 때문이다. 이런 점에서 모듈의 기능은 함수의 기능과도 비슷하지만 함수 단위보다 더 큰 단위를 이룬다.

동일한 디렉토리 안에 **module.py** 파일과 **modular.py** 파일이 각각 있다고 하자. module.py 파일에 있는 함수의 기능을 modular.py 파일에서도 사용하고 싶다면 import 문을 이용해 사용할 수 있다. 이럴 경우 modular.py 파일 입장에서 보면 module.py 파일이 바로 모듈이다.

먼저 module.py 파일 내용은 예제 11-1과 같다.

```
cat > module.py

#!/usr/bin/env python3

def getServbyName():
        print("Get Server By Domain Name")
def getServbyPort():
        print("Get Server By Port Number")

두 개의 함수 getServbyName()과 getServbyPort()를 각각 작성
^C
```

예제 11-1

만약 module.py 파일에서 생성한 두 개의 함수를 modular.py 파일에서도 사용하고
싶다면 어떻게 해야 할까? 아주 단순하게 생각하면 해당 함수의 내용을 예제 11-2
와 같이 그대로 작성하는 것이다.

```
cat > modular.py

#!/usr/bin/env python3

def getServbyName():
        print("Get Server By Domain Name")
def getServbyPort():
        print("Get Server By Port Number")

예제 11-1에서와 같이 두 개의 함수 getServbyName()과 getServbyPort()를 동일하게 작성

getServbyName()
getServbyPort()
^C

python3 modular.py
```

```
Get Server By Domain Name
Get Server By Port Number
```

예제 11-2

예제 11-2의 내용을 예제 11-1과 비교해 보면 왠지 낭비 같다는 느낌이 든다(사실 **소스 코드의 중복이 발생한 상태**다). 뿐만 아니라 **getServbyName() 함수**의 소스 코드를 변경해야 한다면 module.py 파일과 modular.py 파일 두 개를 모두 수정해야 하는 번거로움까지 겹친다. 유지 보수 측면에서 보면 상당히 불량한 상태라고 할 수 있다.

이런 상황을 좀 더 개선할 수 없을까? 이때 바로 import 문의 진가가 나온다.

modular.py 파일을 예제 11-3과 같이 수정해 보자.

```
cat > modular.py

#!/usr/bin/env python3

import module

modular.py 파일에서 module.py 파일의 함수를 사용하기 위해 import 문을 이용해 호출한다.
이때 호출 대상의 파일 확장자는 생략한다. 또한 이럴 경우 modular.py 파일 입장에서 module.py
파일이 모듈에 해당하고 modular.py 파일 자신은 모듈러에 해당한다.

module.getServbyName()
module.getServbyPort()

modular.py 파일에서 module.py 파일의 함수를 이용하기 위해 module.getServbyName()
처럼 확장자를 생략한 파일 이름을 명시하고 점을 찍은 뒤 해당 함수를 명시한다(예제 4-13에서 제시
한 ideology.lower() 형식이 떠오른다).

^C

python3 modular.py
```

```
Get Server By Domain Name
Get Server By Port Number
```

예제 11-3

예제 11-3과 같은 결과를 얻기 위해서는 module.py 파일과 modular.py 파일을 동일한 **디렉토리**에서 작성한 뒤 실행해야 한다. 예제 11-1과 예제 11-3을 통해 **모듈을 임포트한다는 개념**을 이해할 수 있겠는가? 해당 예제를 기억해 두기 바란다.

예제 11-3에서 **임포트한 모듈 이름을 임의로 변경**할 수도 있다. 예제 11-4와 같다.

```
cat > modular.py

#!/usr/bin/env python3

import module as socket

as 문을 이용해 module 대신 socket으로 모듈 이름을 변경한다.

socket.getServbyName()
socket.getServbyPort()
^C

python3 modular.py

Get Server By Domain Name
Get Server By Port Number
```

예제 11-4

이번에는 함수 앞에 있는 해당 모듈을 생략하고 사용할 수 있는 방법도 있다. 예제 11-5와 같다.

```
cat > modular.py
```

```
#!/usr/bin/env python3

from module import *

module.py 파일에서 작성한 모든 함수를 사용하겠다는 의미다.

getServbyName()
getServbyPort()

모듈 이름을 생략하고 오직 함수 이름만을 명시한다.

^C

python3 modular.py

Get Server By Domain Name
Get Server By Port Number
```

예제 11-5

그런데 예제 11-5와 같이 **모듈 이름을 생략해 사용할 경우**에는 **함수 이름 중복에 주의**해
야 한다. 서로 다른 파일에 동일한 함수명이 있을 때 함수 이름 중복으로 자칫 오류
가 일어날 수 있기 때문이다. 예제 11-6과 같은 경우를 보자.

```
cat > modular.py

#!/usr/bin/env python3

from module import *

def getServbyPort():
        print("Hello Python")

module.py 파일 이외에도 modular.py 파일에 같은 이름으로 작성한 getServbyPort() 함
수가 있다.
```

```
getServbyName()
getServbyPort()
^C


python3 modular.py


Get Server By Domain Name
Hello Python


modular.py 파일을 실행하면 module.py 파일에 작성한 getServbyPort() 함수가 아닌
modular.py 파일에 작성한 getServbyPort() 함수를 실행한다.
```

예제 11-6

예제 11-6에서와 같이 getServbyPort() 함수 호출 시 해당 함수를 먼저 modular.py 파일에서 검색해 실행한다. 만약 없다면 module.py 파일로 넘어가 검색해 실행한다. 마치 지역 변수와 전역 변수 사이에서 적용하는 **LGB 규칙**과 유사하다. 이것은 이후 설명할 **클래스 상속 시 초기화 메서드 실행**과도 이어지는 내용인 만큼 잘 기억해 두기 바란다.

그렇다면 modular.py 파일이 아닌 module.py 파일에서 작성한 getServbyPort() 함수를 실행하기 위해서는 어떻게 해야 할까? 함수명 중복을 회피하기 위해서는 예제 11-7과 같이 작성한다.

```
cat > modular.py

#!/usr/bin/env python3

import module as socket

예제 11-3 또는 예제 11-4와 같은 방식으로 모듈을 임포트한다.

def getServbyPort():
        print("Hello Python")
```

```
socket.getServbyPort()

module.py 파일의 getServbyPort() 함수를 실행한다.

getServbyPort()

modular.py 파일의 getServbyPort() 함수를 실행한다.
^C

python3 modular.py

Get Server By Port Number
Hello Python
```

예제 11-7

함수 이름 중복을 고려하면 확실히 예제 11-5는 주의해서 사용할 필요가 있다.

더불어 모듈을 사용하면서 **함수 사용 제한 설정**도 할 수 있다. 개발 과정에서 자주 사용하는 기능이기도 하다. 예제 11-8을 통해 구체적인 예를 확인해 보자.

```
cat > module.py

#!/usr/bin/env python3

def getServbyName():
        print("Get Server By Domain Name")

if __name__ == "__main__":
        def getServbyPort():
                print("Get Server By Port Number")
```

modular.py 파일과 같이 외부에서 임포트하더라도 **getServbyName()** 함수의 실행은 허용하지만 **getServbyPort()** 함수의 실행만은 금지시키겠다는 의미다.

```
getServbyName()
```

```
getServbyPort()
^C

# python3 module.py

Get Server By Domain Name
Get Server By Port Number

module.py 파일 자기 자신이 실행할 경우에는 모든 함수를 실행할 수 있다.
```

예제 11-8

예제 11-8에서 사용한 if __name__ == "__main__" 문을 기억해 두기 바란다. 이제
예제 11-9와 같이 작성해 결과를 확인한다.

```
cat > modular.py

#!/usr/bin/env python3

import module as socket

socket.getServbyName()
socket.getServbyPort()
^C

python3 modular.py

Get Server By Domain Name

getServbyName() 함수에 대한 정상적인 호출은 가능하다.

Traceback (most recent call last):
File "modular.py", line 3, in <module>
import module as socket
File "/root/python3.4/module.py", line 11, in <module>
getServbyPort()
```

```
NameError: name 'getServbyPort' is not defined
```

getServbyPort( ) 함수에 대해서는 **if __name__ == "__main__"** 문으로 임포트 금지했기 때문에 해당 함수를 호출할 경우 속성 오류가 발생한다. 다시 말해 아예 해당 함수 자체가 없다고 인식한다.

예제 11-9

module.py 파일 자신은 모든 함수를 실행할 수 있지만 module.py 파일을 임포트한 modular.py 파일에서는 오직 getServbyName() 함수만 실행할 수 있음을 알 수 있다. 이와 같이 if __name__ == "__main__" 문은 모듈을 사용하면서 함수 사용 제한 기능도 있지만 파이썬 코드 실행의 시작점을 설정하는 기능도 있다. 다시 말해 C 언어 등은 소스 코드를 실행할 때 main() 함수에서부터 시작하는데 파이썬에서는 if __name__ == "__main__" 문을 이용해 이러한 시작점을 지정할 수 있다.

예제 11-9에서 발생한 오류를 이용해 예제 11-10과 같이 다시 작성할 수 있다.

```
cat > modular.py

#!/usr/bin/env python3

import module as socket

try:
        socket.getServbyName( )
except:
        pass

try:
        socket.getServbyPort( )
except:
        pass
^C

python3 modular.py
```

```
Get Server By Domain Name

Traceback (most recent call last):
File "modular.py", line 3, in <module>
import module as socket
File "/root/python3.4/module.py", line 11, in <module>
getServbyPort()
NameError: name 'getServbyPort' is not defined
```

예제 11-10

예제 11-10의 실행 결과는 예제 11-9의 실행 결과와 동일하다.

이제 원점으로 돌아가 예제 11-3을 다시 한 번 보자. sys 모듈을 임포트한 부분에 초
점을 두고 예제 11-3을 예제 11-11처럼 바꾸어 생각해 보자.

```
import sys

sys.exit()
```

예제 11-11

함수는 내장 함수와 사용자 정의 함수로 구분할 수 있는 것처럼 모듈도 내장 모듈과
사용자 정의 모듈로 구분할 수 있다. 예제 11-3 등에서 사용한 module 모듈이 **사용
자 정의 모듈**에 해당한다면 sys 모듈은 **내장 모듈**에 해당한다. 내장 모듈은 파이썬에서
제공하는 모듈로서 백박스에서 예제 11-12와 같이 ls | grep py 명령어를 이용해 확
인할 수 있다.

```
root@backbox:~# cd /usr/lib/python3.4/
root@backbox:/usr/lib/python3.4# ls | grep py

__future__.py
__phello__.foo.py
__pycache__
```

```
_bootlocale.py
_collections_abc.py
_compat_pickle.py
_dummy_thread.py
_markupbase.py
_osx_support.py
_pyio.py
_sitebuiltins.py
_strptime.py
_sysconfigdata.py
_threading_local.py
_weakrefset.py

이하 생략
```

예제 11-12

예제 11-12에서 보는 바와 같이 무수한 내장 모듈을 볼 수 있다. 내장 모듈이라고 해도 사용자 정의 모듈과 본질적으로 다를 바는 없다. 각종 데이터 타입과 if 또는 for 등과 같은 문, 그리고 함수로 이루어진 파일일 뿐이다. 다만 **고수준의 내용**을 **반영**했기 때문에 초보자들이 각각의 모듈을 이해하기는 어렵다. 틈날 때마다 모듈 내용을 보면서 흐름을 이해하도록 하자. socket **모듈**을 분석하고 싶다면 **/usr/lib/python3.4/ 디렉토리**에서 예제 11-13과 같이 입력한다.

```
cat socket.py
```

예제 11-13

또는 예제 11-14와 같이 확인할 수도 있다.

```
cat /usr/lib/python3.4/socket.py
```

예제 11-14

파이썬으로 본격적인 개발 단계에 접어들면 내장 모듈의 임포트는 필수적이다. 틈날 때마다 내장 모듈의 특징을 하나씩 확인하기 바란다.

마지막으로 패키지^{package}란 **모듈을 모아놓은 개념**이다. 보통 **모듈을 저장한 디렉토리를 패키지**라고 할 수 있다. 백박스 운영 체제에서는 내장 모듈을 /usr/lib/python3.4/ 디렉토리에 저장하기 때문에 해당 디렉토리 자체가 **패키지**에 해당한다.

이상으로 모듈과 관련한 설명을 마치겠다.

12

주요한 내장 모듈

이번 장에서는 /usr/lib/python3.4/ 디렉토리에 있는 내장 모듈 중 시스템 분야에서 빈번하게 사용하는 세 가지 모듈을 중심으로 간단한 활용을 소개하겠다. 이번에 배울 모듈을 학습하기 위해서는 파이썬 문법에 대한 지식보다는 시스템 분야에 대한 지식이 필요하다.

먼저 **os 모듈**을 이용한 간단한 활용은 예제 12-1과 같다.

```
cat > 12-01.py

#!/usr/bin/env python3

import os

print(os.getcwd())

현재 디렉토리의 위치를 출력하라는 의미
```

```
print(os.path.abspath("10-14.py"))
```

10-14.py 파일의 위치를 **절대 경로**로 출력하라는 의미

```
print(os.listdir("."))
```

현재 위치의 디렉토리, 다시 말해 **/root/python3.4/** 디렉토리에 있는 파일 목록을 출력하라는
의미

```
print(os.listdir("/usr/lib/python3.4/"))
```

/usr/lib/python3.4/ 디렉토리에 있는 파일 목록을 출력하라는 의미

```
^C

python3 12-01.py

/root/python3.4
```

print(os.getcwd())의 출력 결과

```
/root/python3.4/10-14.py
```

print(os.path.abspath("10-14.py"))의 출력 결과

```
['10-14.py' ... '08-13.py']
```

print(os.listdir("."))의 출력 결과

```
['unittest' ... '__future__.py']
```

print(os.listdir("/usr/lib/python3.4/"))의 출력 결과

예제 12-1

예제 12-1 결과를 보면 유닉스/리눅스 기반의 운영 체제에서 사용하는 pwd **명령어**
또는 ls **명령어** 등과 같은 내용임을 알 수 있다.

프로세스^{process}란 실행 중인 프로그램을 의미한다. 다시 말해 **프로그램**이 정적인 상태로 하드 디스크에 있는 상태라고 한다면 **프로세스**는 동적인 상태로 메모리에 있는 상태라고 할 수 있다. 조금 더 자세히 설명하자면 프로세스는 자기 자신의 고유한 메모리 영역을 할당받아 **데이터 영역**과 **스택 영역**에서 동작 중인 객체를 의미한다. os 모듈을 이용하면 프로세스와 관련한 내용을 예제 12-2와 같이 확인할 수 있다.

```
cat > 12-02.py

#!/usr/bin/env python3

import os

print(os.getpid())

현재 프로세스 ID를 출력

print(os.getppid())

부모 프로세스 ID를 출력

print(os.ctermid())

원격 접속을 위한 터미널 ID를 출력

^C
python3 12-02.py

2843
2418
/dev/tty
```

예제 12-2

프로세스는 크게 부모 프로세스^{parent process}와 자식 프로세스^{child process}로 나눌 수 있다. 자식 프로세스는 부모 프로세스의 모든 자원을 상속받으며 fork() **함수**를 통해 자식 프로세스를 생성시킬 수 있다. 자식 프로세스 실행이 끝나면 부모 프로세스가 자식 프로세스로부터 자원을 회수하면서 자식 프로세스는 소멸한다.

그런데 부모 프로세스가 자식 프로세스보다 먼저 소멸해 버리면 자식 프로세스는 고아로 전락한다. 이럴 경우 자식 프로세스를 고아 프로세스^{orphan process}라고 부른다. 고아 프로세스가 생기면 운영 체제에서는 init 프로세스가 부모 프로세스 역할을 대신 수행한다. 반면 자식 프로세스가 실행을 완료한 뒤에도 부모 프로세스가 자식 프로세스로부터 자원 회수를 지연시키는 경우가 있다. 이때에는 자식 프로세스를 좀비 프로세스^{zombie process}라고 부른다.

또한 외부로부터 접속을 기다리는 프로세스를 데몬 프로세스^{daemon process}라고 부른다. 서버에서 구동시킨 FTP 프로세스나 SSH 프로세스 등이 바로 **데몬 프로세스**에 해당한다.

os 모듈이 운영 체제에서 파일이나 프로세스 등을 처리하기 위해 필요하다면 **socket 모듈**은 TCP/IP 기반에서 수행하는 일련의 작업에 필요하다. socket 모듈의 활용 방법은 예제 12-3과 같다.

```
cat > 12-03.py

#!/usr/bin/env python3

import socket

protocols = ["ftp", "ssh", "telnet", "smtp", "http", "pop3"]
```

TCP/IP 방식의 **응용 계층**에 속하는 TCP 기반의 주요 서비스 목록을 **리스트 타입**을 이용해 설정한다. 이때 사용한 문자열은 백박스 운영 체제의 **/etc/services** 파일에서 사용하는 문자열과 일치해야 한다.

```
for protocol in protocols:
    print("the port number for", protocol, "is", socket.
getservbyname(protocol, "tcp"))
```

socket 모듈에서 제공하는 **getservbyname( )** **함수**는 백박스 운영 체제의 **/etc/services**
파일에서 주어진 서비스 이름과 일치하는 포트 번호를 검색한다. **getservbyname( )** **함수**의 두 번
째 인자인 **tcp**는 기본 설정이기 때문에 생략해도 무방하다.

```
protocols = ["domain", "snmp"]
```

TCP/IP 방식의 응용 계층에 속하는 UDP 기반의 주요 서비스 목록을 **리스트 타입**을 이용해 설정한
다. 이때 사용한 문자열은 백박스 운영 체제의 **/etc/services** 파일에서 사용하는 문자열과 일치
해야 한다.

```
for protocol in protocols:
    print("the port number for", protocol, "is", socket.
    getservbyname(protocol, "udp"))
```

getservbyname( ) **함수**의 두 번째 인자가 **udp**라는 점에 주의하기 바란다.

```
numbers = (20, 21, 22, 23, 25, 53, 67, 68, 80, 110, 161, 162)
```

주요 포트 번호 목록을 **튜플 타입**을 이용해 설정한다. 이때 사용한 포트 번호는 백박스 운영 체제의
/etc/services 파일에서 사용하는 포트 번호와 일치해야 한다.

```
for number in numbers:
    print("the service for", number, "is", socket.
    getservbyport(number))
```

socket 모듈에서 제공하는 **getservbyport( )** **함수**는 백박스 운영 체제의 **/etc/services**
파일에서 주어진 포트 번호와 일치하는 서비스 이름을 검색한다.

```
print(socket.gethostname())
```

gethostname( ) **함수**를 이용하면 자기 PC에 설정한 **호스트의 이름**을 반환해 준다.

```
print(socket.gethostbyname(socket.gethostname()))
```

gethostbyname( ) **함수**의 인자로 **socket.gethostname( )**, 곧 호스트 이름을 이용하면 해

당 PC의 IP 주소를 반환해 준다. 참고로 **127.0.0.1**을 루프백 IP 주소(Loopback IP Address)라고 한다. **자기 자신을 의미하는 IP 주소**다.

```
print(socket.gethostbyname("google.com"))
```

gethostbyname() 함수의 인자로 **도메인 네임**을 문자열 타입으로 입력받으면 도메인 네임에 해당하는 IP 주소를 반환해 준다.

```
^C

python3 12-03.py

the port number for ftp is 21
the port number for ssh is 22
the port number for telnet is 23
the port number for smtp is 25
the port number for http is 80
the port number for pop3 is 110

socket.getservbyname(protocol, "tcp")에 따른 출력

the port number for domain is 53
the port number for snmp is 161

socket.getservbyname(protocol, "udp")에 따른 출력

the service for 20 is ftp-data
the service for 21 is ftp
the service for 22 is ssh
the service for 23 is telnet
the service for 25 is smtp
the service for 53 is domain
the service for 67 is bootps
the service for 68 is bootpc
the service for 80 is http
the service for 110 is pop3
```

```
the service for 161 is snmp
the service for 162 is snmp-trap


socket.getservbyport(number)에 따른 출력


backbox


socket.gethostname( )에 따른 출력


127.0.1.1


socket.gethostbyname(socket.gethostname( ))에 따른 출력


216.58.196.238


socket.gethostbyname("google.com")에 따른 출력
```

예제 12-3

예제 12-3에서 언급한 포트 번호^{port number}란 TCP/IP 방식의 응용 계층에 속하는 프로토
콜에 대한 고유한 식별 번호를 의미한다. 또한 백박스에서 /etc/services 파일 목록은 다
음과 같이 확인할 수 있다.

```
cat /etc/services
```

세 번째로 소개할 **struct 모듈**은 socket 모듈과 관계가 깊다. struct 모듈은 파이썬 언
어를 통해 C 언어의 API를 사용할 수 있도록 해 준다. 다시 말해 파이썬에서 소켓을
생성하면 운영 체제에서는 C 언어를 이용해 소켓을 처리한다.

struct 모듈 사용과 관련해서는 **빅 엔디안 방식**을 설명한 예제 3-12와 **리틀 엔디안 방식**
을 설명한 예제 3-13, 그리고 **바이트 순서**를 10진수로 변경하는 예제 3-14를 기억해
두기 바란다.

```
cat > 12-04.py

#!/usr/bin/env python3

import struct

print(struct.pack("i", 2))
```

pack() 함수는 10진수 2를 32비트 크기의 **바이너리**로 변경하는 기능을 수행한다. 다시 말해 **struct.pack("i", 2)**는 i와 2가 대응하면서 10진수 2를 32비트 크기의 바이너리로 출력하라는 의미다. 이때 바이너리는 문자열 타입이 아닌 **바이트 타입**이다.

```
print(struct.pack("ii", 1, 2))
```

struct.pack("ii", 1, 2)는 두 개의 i가 각각 1과 2에 대응하면서 10진수 1과 2를 32 비트 크기의 바이너리로 출력하라는 의미다. **struct.pack("2i", 1, 2)**라고 표현할 수도 있다.

```
print(struct.pack("il", 1, 2))
```

struct.pack("il", 1, 2)는 i와 l이 각각 1과 2에 대응하면서 10진수 1과 2를 각각 32 비트 크기의 바이너리로 출력하라는 의미다.

```
print(struct.pack("<il", 1, 2))
```

<il는 무조건 **리틀 엔디안** 방식으로 출력하라는 의미다. 다시 말해 struct.pack("il", 1, 2) 의 경우는 사용하는 운영 체제에 따라 출력 방식이 리틀 엔디안 방식일 수도 있고 빅 엔디안 방식일 수도 있지만 **struct.pack("<il", 1, 2)**의 경우는 **무조건 리틀 엔디안 방식으로 출력**한다.

```
print(struct.pack(">il", 1, 2))
```

>il는 무조건 **빅 엔디안** 방식으로 출력하라는 의미다.

```
print(struct.pack("!il", 1, 2))
```

!il는 무조건 네트워크 방식, 다시 말해 **빅 엔디안** 방식으로 출력하라는 의미다.

```
pack = struct.pack("il", 1, 2)
print(pack)
```

바이너리를 직접 출력할 수 없기 때문에 임의의 참조 변수 **pack**을 통해 출력한다.

```
unpack = struct.unpack("il", pack)
```

unpack( ) 함수는 **pack( )** 함수와는 정반대 기능을 수행한다. 다시 말해 바이너리를 10진수로 변경할 때 이용한다.

```
print(unpack)
^C

python3 12-04.py

b'\x02\x00\x00\x00'
```

print(struct.pack("i", 2)) 출력 결과

```
b'\x01\x00\x00\x00\x02\x00\x00\x00'
```

print(struct.pack("ii", 1, 2)) 출력 결과

```
b'\x01\x00\x00\x00\x02\x00\x00\x00'
```

print(struct.pack("il", 1, 2)) 출력 결과

```
b'\x01\x00\x00\x00\x02\x00\x00\x00'
```

print(struct.pack("<il", 1, 2)) 출력 결과

```
b'\x00\x00\x00\x01\x00\x00\x00\x02'
```

print(struct.pack(">il", 1, 2)) 출력 결과

```
b'\x00\x00\x00\x01\x00\x00\x00\x02'
```

```
print(struct.pack("!il", 1, 2)) 출력 결과

b'\x01\x00\x00\x00\x02\x00\x00\x00'

print(pack) 출력 결과

(1, 2)

print(unpack) 출력 결과
```

예제 12-4

한편 예제 12-4에서 언급한 i 또는 l 등과 같은 형식 문자열^{format characters}의 종류는 표 12-1과 같다.

표 12-1에서 소개한 **형식 문자열**은 이후 **소켓 분야에서 자주 사용**하는 내용인 만큼 기억해 두기 바란다.

이번에는 **데이터 처리에 적합한 형태(호스트 바이트 순서)를 데이터 전송에 적합한 형태(네트워크 바이트 순서)로 바꾸거나 데이터 전송에 적합한 형태(네트워크 바이트 순서)를 데이터 처리에 적합한 형태(호스트 바이트 순서)**로 바꾸는 함수를 알아보자. TCP/IP **물리 계층의 전송 단위인 비트 처리와 관련**이 있다고 생각하면 무리가 없을 듯하다. 예제 12-5에서 확인할 수 있다.

표 12-1

형식	C 타입	파이썬 타입	바이트 크기	비고
x	pad byte	no value		
c	char	bytes of length 1	1	
b	signed char	integer	1	(1), (3)
B	unsigned char	integer	1	(3)
?	_Bool	bool	1	(1)
h	short	integer	2	(3)
H	unsigned short	integer	2	(3)
i	int	integer	4	(3)
I	unsigned int	integer	4	(3)
l	long	integer	4	(3)
L	unsigned long	integer	4	(3)
q	long long	integer	8	(2), (3)
Q	unsigned long long	integer	8	(2), (3)
n	ssize_t	integer		(4)
N	size_t	integer		(4)
f	float	float	4	(5)
d	double	float	8	(5)
s	char[]	bytes		
p	char[]	bytes		
P	vold *	integer		(6)

```
cat > 12-05.py

#!/usr/bin/env python3
```

```
import socket, struct
```

두 개의 모듈을 동시에 임포트할 수 있다.

```
k = struct.unpack("i", socket.inet_aton("127.0.0.1"))
print(k)
```

inet_aton( ) 함수에 따라 **10진수** 형태의 **IP** 주소 문자열을 빅 엔디안 방식으로 변경한 뒤 다시 **unpack( )** 함수에 따라 **바이너리를 10진수로** 변경한다.

```
k = socket.inet_ntoa(struct.pack("i", 16777343))
print(k)
```

pack( ) 함수에 따라 **10진수를 바이너리로** 변경한 뒤 다시 **inet_ntoa( )** 함수에 따라 빅 엔디안 방식을 **10진수** 형태의 **IP** 주소 문자열로 변경한다.

```
x = 0x00FF
print(int(x))
```

16진수를 10진수로 변경해 출력한다.

```
x = socket.htons(x)
print(x)
```

htons( ) 함수는 **호스트 바이트 순서**를 **네트워크 바이트 순서**로 변경한다. 다시 말해 **처리에 적합한 방식을 전송에 적합한 방식으로** 변경하라는 의미다.

```
x = socket.ntohs(x)
print(x)
```

ntohs( ) 함수는 **네트워크 바이트 순서**를 **호스트 바이트 순서**로 변경한다. 다시 말해 **전송에 적합한 방식을 처리에 적합한 방식으로** 변경하라는 의미다.

```
^C
```

```
python3 12-05.py

(16777343,)
127.0.0.1
255
65280
255
```

예제 12-5

예제 12-5는 다른 예제와 달리 함수를 중복으로 적용한 형태이기 때문에 조금은 복잡해 보일 수 있다. 정리하면 표 12-2와 같다.

표 12-2

함수의 종류	함수의 기능	비고
pack()	10진수를 바이너리로 변경	
unpack()	바이너리를 10진수로 변경	
inet_aton()	문자열을 빅 엔디안 방식으로 변경	물리 계층
inet_ntoa()	빅 엔디안 방식을 문자열로 변경	물리 계층
htons()	호스트 바이트 순서를 네트워크 바이트 순서로 변경	물리 계층
ntohs()	네트워크 바이트 순서를 호스트 바이트 순서로 변경	물리 계층

함수가 수행하는 기능 자체가 기계적인 수준과 관련이 있기 때문에 어렵게 느껴질 듯하다. 사실 모두 C 언어에서 나온 내용들이다. 해당 함수들은 표 12-1과 더불어 **소켓 분야에서 자주 사용**하는 내용이기도 하다. 조급하게 생각하지 말고 차분히 반복해 읽으면서 이해하고 기억해 두기 바란다.

마지막으로 해커들이 파이썬을 선호하는 이유는 우선 간결성이고 그 다음이 바로 다양한 내장 모듈의 지원 때문이다. 해킹에 필요한 복잡한 소스 코드 작업을 모듈 임포트만으로도 아주 많은 시간을 단축할 수 있을 뿐 아니라 기존 모듈을 기반으로 자신이 원하는 형태로 보다 정교하게 수정할 수도 있다. 따라서 틈날 때마다 파이썬에서 제공하는 내장 모듈의 기능을 확인해 보고 가능하다면 해당 모듈의 소스 코드 분석에도 노력하기 바란다. **내장 모듈 분석**은 분명 **전산 시스템 전반을 이해하는 계기를** 제공해 줄 것이다.

이상으로 주요 내장 모듈과 관련한 설명을 마치겠다.

추천 영화 ❻

사회 공학을 영화의 반전 기법으로 활용한 걸작

스위스 출신의 영화 감독 바란 보 오다르^{Baran bo Odar}의 〈후 엠 아이^{Who Am I}〉는 2014년에 개봉한 독일 영화다.

벤자민은 불우한 가정 환경에서 성장했다. 그가 어릴 적에 아버지는 가출했고 어머니는 자살했다. 그를 보살피던 할머니마저 치매에 걸리고 말았다. 그는 사실상 고아나 마찬가지였고 친구와도 어울릴 수 없는 부적응자였다. 피자 배달원으로 근근히 하류 인생을 살아가는 그에게 유일한 즐거움은 바로 컴퓨터 해킹이었다. 14살 때부터 컴퓨터 언어를 배우고 시스템을 해킹하면서부터 그는 사이버 공간을 동경하기 시작했다. 사이버 공간에 빠지면 빠질수록 불행한 현실은 더욱 멀어져갔다. 현실 세계에서 자신은 오직 외톨이고 괴짜고 왕따였지만 가상 세계에서는 남들과 동등한 인격체인 'whoami'였다.

그러던 그에게 마침내 동경의 대상이 생겼다. MRX라고 불리는 해커. 모든 시스템을 무력화시키는 MRX에 대해 알려진 정보는 전무했다. MRX는 해커들에게 다음과 같이 말한다.

안전한 시스템은 없다. 불가능을 가능케 하라. 그리고 가상 공간과 현실 공간 모두를 즐겨라.

자신의 우상인 MRX의 말을 신념처럼 간직하며 생활하던 벤자민은 어느 날 어릴 적 짝사랑했던 마리와 우연히 재회한다. 그러나 현실에서 자신과 마리는 너무나 다른 위치에 있었다. 피자 배달원으로 근근히 살아가는 자신과 달리 마리는 학교 시험에 괴로워하는 여대생이었다. 그런 마리를 본 벤자민은 그녀가 다니는 대학교의 중앙 전산실에 잠입한다. 벤자민은 그녀에게 시험 문제를 건네주기만 하면 그녀에게 사랑받을 수 있다고 믿었기 때문이다. 그러나 결과는 허망했다. 현장에서 경비원에게 발각됐다.

판사로부터 사회봉사 명령 50시간을 선고받고 환경 미화에 나선 벤자민. 그는 거기서 맥스와 처음 만난다. 그리고 맥스는 벤자민에게 스테판과 파울을 소개해 준다. 사회 공학 전문가인 맥스와 소프트웨어 전문가인 스테판 그리고 하드웨어 전문가인 파울 모두 벤자민처럼 MRX를 동경하는 반항아였다. 맥스의 패거리로부터 실력을 인정받은 벤자민은 이들과 의기투합해 클레이^{clowns laughing at you}라는 해킹 조직을 결성한다. 클레이의 목표는 단 하나, 바로 MRX로부터 인정받는 것이다.

클레이는 극우 단체의 집회 현장을 해킹하는 일에서부터 시작해 방송국과 제약사 등을 해킹하면서 클레이의 존재를 세상에 알리기 시작했다. 신문과 방송에서 연일 클레이를 보도하면서 대중적인 관심을 불러 일으키고 있었지만 정작 MRX는 클레이를 조롱할 뿐이었다. 이에 벤자민은 동료들에게 대담한 계획을 제안한다. 바로 연방 정보국 해킹. 벤자민 일행은 가까스로 프린터의 취약점을 이용해 연방 정보국을 조롱하는 내용을 무제한 출력시키는데 성공한다. 그러나 연방 정보국 해킹은 클레이가 감당할 수 없을 만큼 일파만파로 번지는 비극적 사건으로 발전한다.

혹자는 〈후 엠 아이〉를 반전이 강한 범죄 영화로만 보는 시각이 있다. 그러나 〈후 엠 아이〉는 무엇보다 해커 영화다. 그것도 사회 공학을 전면에 부각시킨 아주 사실적인 해커 영화다. 대중들에게 해킹은 고급 기술로 무장한 해커가 그저 온라인 앞에 앉아 키보드와 마우스를 이리저리 움직일 때 이루어지는 예술로 생각한다. 〈블러디 먼데이〉와 같은 작품에서 그런 장면만 보여 주었기 때문이다. 그러나 이것은 현실 세계의 해킹을 무시한 명백한 조작일 뿐이다.

그렇다면 사회 공학이란 무엇일까? 영화 초반부에서 맥스는 다음과 같이 말한다.

"보안에서 가장 큰 취약점은 프로그램이나 서버에 있는 것이 아니다. 보안의 주요 결함은 바로 사람에게 있다. 그래서 사회 공학이야말로 가장 효과적인 해킹 방법이다."

맥스의 대사처럼 사회 공학이란 인간의 정신과 심리 등에 기반해 신뢰 관계를 형성한 뒤 상대방을 기망해 비밀 정보를 획득하는 기법을 말한다. 보안 장비들이 발전하면서 점차 기술적인 공격이 어렵기 때문에 공격자들은 사회 공학에 집중하기 시작했다. 사회 공학은 사이버 보안에서 가장 약한 연결 고리에 속하는 사람을 대상으로 수행하기 때문에 방어하기가 무척 어렵다. 벤자민 일행이 신분증을 위조해 극우 단체의 집회 현장에 들어가는 장면이나 악성 코드를 첨부한 이메일을 연방 정보국 직원에게 발송하는 장면이나 벤자민이 지갑을 흘린 방문객으로 위장해 경비원을 속이고 유럽 경찰 본부에 잠입하는 장면 등이 모두 사회 공학에 해당한다.

그러나 바란 보 오다르 감독은 단순히 사회 공학의 예시만을 나열한 것이 아니라 사회 공학을 영화의 반전에 접목시키는 탁월한 수완을 발휘했다. 감독의 놀라운 한 수 덕분에 〈후 엠 아이〉는 해커 영화로서는 드물게 작품성과 대중성에서 모두 성공할 수 있었다. 이런 점에서 볼 때 사회 공학의 대가인 케빈을 주인공으로 한 〈테이크다운〉이 흥행과 평가에서 실패한 것은 역설적이다.

영상 기교 역시도 탁월하다. 감독은 모니터 화면에서 일어나는 동작을 지하철 같은 공간에 투영시켜 관객의 머리에 사이버 공간을 더욱 구체적으로 형상화시켜준다. 사이버 공간에서 MRX가 벤자민의 복면을 벗기면 다시 복면이 나오고 다시 벗기면 또 다른 복면이 나오는 장면이 영화 후반부에 나온다. 익명성을 철저히 보장하는 다크넷darknet 공간을 상징적으로 보여 주는 연출 장면이다. 특히 가상 공간에서 벤자민이 프렌즈friends에서 암약하는 MRX의 가면을 벗기는 모습과 현실 공간에서 미국 경찰에게 체포당하는 MRX의 모습이 겹치는 장면이 무척 인상적이다.

뿐만 아니라 현실 공간과 가상 공간 모두에서 투명 인간이기를 갈망하는 벤자민의 모습을 통해 감독은 거미줄처럼 복잡하게 얽힌 인터넷 세상에서 인간의 존재는 과연 무엇인가라는 질문을 관객들에게 던지기조차 한다.

13

클래스에 대한 이해

이번 장까지 마치면 파이썬 문법 전반을 배웠다고 할 수 있다. 남은 내용은 이런 문법에 기반한 약간의 보충 설명 그리고 본격적인 파이썬 활용이다. 그런 만큼 조금 더 집중해 보자.

제1장에서 파이썬은 객체지향에 기반한 스크립트 언어로서 **객체**란 현실에 존재하는 사물을 모방한 데이터라고 설명했다. 객체가 사물을 모방한 데이터이기 때문에 **변수**를 통해 **정적인 속성**을 TheMoon.size처럼 표현하고 **함수**를 통해 **동적인 속성**을 TheMoon.round()처럼 표현한다고 설명했다. 지금까지 다루었던 모든 내용은 바로 이러한 점을 염두에 두고 설명했다. 그런 만큼 이제부터는 파이썬에서 취급하는 각종 데이터 타입이나 제어문과 함수 그리고 파일과 디렉토리 등 일체의 대상을 객체라는 관점에서 볼 필요가 있다.

함수가 반복적인 문이나 식으로 이루어진 집합체를 의미한다면 클래스class란 **상호 연관적인 변수와 함수로 이루어진 집합체**를 의미한다. 이때 클래스와 관련된 변수와 함수를 각각 멤버member와 메서드method라고 부른다. 또한 클래스에서 생성한 객체를 인스턴스 객체^{instance object} 또는 단순히 객체^{object}라고 부른다.

생소한 용어가 많이 나온 듯하지만 클래스의 형식은 함수의 형식과 아주 많이 닮았다. 예제 13-1을 통해 정리해 보겠다.

```
cat > 13-01.py

#!/usr/bin/env python3

class Moon:
    size = 3314
    def round(self):
            print("The moon rotates around the earth.")
```

class 문을 이용해 Moon이란 클래스를 설정한다. 함수 이름과 달리 **클래스 이름**은 관례상 **대문자**로 시작하고 괄호는 불필요하다. 함수처럼 **콜론**을 통해 헤더 작성을 마친다. **들여쓰기**에 따라 바디를 작성한다.

클래스 안에 있는 **변수**를 멤버라고 부르며 **함수**를 메서드라고 부른다. 이때 메서드의 괄호 안에 self라는 인자가 보인다. 클래스에서는 이와 같이 메서드를 설정하는 경우 무조건 첫 번째 인자로 **self**가 있어야 한다. **self**를 s처럼 다른 형태로 표현할 수 있지만 **관례상** self라고 표현한다. **self** 인자는 **어떤 클래스에서 생겨나는 각각의 인스턴스 객체를 구분하기 위한 식별자**로 기능한다(예제 13-2에서 자세히 설명하겠다).

```
theMoon = Moon( )
```

Moon( )처럼 **클래스 이름 뒤에 괄호를 설정해 실행**하면 Moon이란 **클래스로부터 인스턴스 객체를 생성**시킬 수 있다. 생성한 인스턴스 **객체(클래스 안의 멤버와 메서드)**가 메모리 공간으로 올라가면 theMoon이라는 참조 변수가 해당 메모리 공간의 주소를 참조하기 때문에 결론적으로 theMoon이 Moon 클래스에서 생겨난 인스턴스 객체에 해당한다.

```
print(theMoon.size)
```

theMoon 인스턴스 객체가 Moon 클래스의 size 멤버에 접근

```
theMoon.round( )
```

```
theMoon 인스턴스 객체가 Moon 클래스의 round( ) 메서드에 접근
^C

python3 13-01.py

3314

클래스 멤버를 실행한 결과

The moon rotates around the earth.

클래스 메서드를 실행한 결과
```

예제 13-1

예제 10-1을 통해 그동안 숨겨졌던 함수의 모습을 본 것처럼 예제 13-1을 통해 제1
장에서부터 언급했던 객체의 모든 모습을 제대로 보는 듯하다.

또한 클래스가 객체를 생성하는 theMoon = Moon( ) 문에 대한 이해야말로 **객체지
향**의 핵심 개념이 아닐까 싶다. 인스턴스 객체를 생성하는 theMoon = Moon( ) 문
은 붕어빵 틀에서 붕어빵을 찍어내는 것과 같다. **Moon 클래스**가 **붕어빵 틀**에 해당하고
theMoon 객체가 **붕어빵**에 해당한다. 이처럼 **클래스 객체**를 설정해 인스턴스 객체를 생
성하면 소스 코드의 **재사용성**을 높이는 효과가 있다(파이썬에서는 모든 데이터를 본질적
으로 인스턴스 객체로 간주하기 때문에 지금까지 사용했던 **일체의 함수**를 이제부터는 **메서드**
라고 부르도록 하겠다).

예제 13-1을 기반으로 객체지향에 대한 세부적인 속성을 하나씩 알아보도록 하자.

어떤 사람을 대상으로 일하는 동작과 노는 동작을 소스 코드로 구현해 본다고 가정
하자. 이것을 **클래스 타입**으로 구현한다면 예제 13-2와 같다.

```
cat > 13-02.py
```

```
#!/usr/bin/env python3

class Person:
    def work(self):
            print("To Work!")
    def play(self):
            print("To Play!")
```

class 문을 이용해 **Person**이란 클래스를 설정한다. Person 클래스에는 **work( )** 메서드와
play( ) 메서드를 각각 설정한다. 이때 각각의 메서드마다 **self** 인자가 반드시 있어야 한다. 입
문자들이 자주 실수하는 부분이다.

```
man = Person( )
woman = Person( )
```

Person이라는 클래스 객체로부터 man이라는 인스턴스 객체와 woman이라는 인스턴스 객체를 생성
했다. 이것은 마치 **Person**이라는 **붕어빵 틀**에서 **man**이라는 붕어빵과 **woman**이라는 붕어빵을 찍어
내는 내용과 같다.

```
man.work( )
```

man이라는 인스턴스 객체가 **work( )**라는 메서드를 호출했다. 이때 man 객체가 **work( )** 메서드의
self 인자로 들어간다. **self** 인자는 클래스에서 각각의 인스턴스 객체를 구분하기 위한 식별자이기
때문이다. 따라서 **man.work( )**는 **Person.work(man)**과 같은 의미라고 할 수 있겠다.

```
Person.work(man)
```

man.work( )와 Person.work(man)이 같다는 것을 보여준다. 이를 통해 **man**이라는 인자가 **self**
라는 인자와 대응 관계에 있음을 확인할 수 있다.

```
woman.play( )
```

이번에는 woman이라는 인스턴스 객체가 **play( )**라는 메서드를 호출했다. 이때 woman 객체가
play( ) 메서드의 **self** 인자로 들어간다. 따라서 **woman.play( )**는 **Person.play(woman)**
과 같은 의미라고 할 수 있다.

```
Person.play(woman)

woman.play()와 Person.play(woman)이 같다는 것을 보여 준다. 이를 통해 아까와 달리 nam
이라는 인자 대신 woman이라는 인자가 self라는 인자와 대응 관계에 있음을 확인할 수 있다.

^C

python3 13-02.py

To Work!
To Work!

man.work()와 Person.work(man)의 실행 결과

To Play!
To Play!

woman.play()와 Person.play(woman)의 실행 결과
```

예제 13-2

예제 13-2의 내용을 통해 self 인자의 정체는 클래스에서부터 생긴 man과 woman
등과 같은 인스턴스 객체를 구분하기 위한 식별자임을 알 수 있다.

또한 self 인자를 이용해 해당 클래스로부터 인스턴스 객체를 구분하기 위한 식별을 인스턴
스 참조[instance reference]라고 하며 man.work() 문과 같은 경우를 바운드 인스턴스 메서
드 호출[bound instance method call]이라고 하고 Person.play(woman) 문과 같은 경우를 언바운
드 인스턴스 메서드 호출[unbound instance method call]이라고 한다.

생소한 용이 때문에 쉬운 내용을 어렵게 이해힐 필요는 없다. 용어는 일단 섭어두
고 예제 13-1과 예제 13-2에서 보는 것처럼 클래스로부터 객체를 생성하는 방식과
self 인자의 의미만이라도 정확하게 이해하기 바란다. 그런데 예제 13-2에서 생성한
인스턴스 객체 man과 woman은 너무 추상적이다. 기존 내용에서 성명과 연령 등과
같은 정적인 속성을 부여해 보다 구체적인 인스턴스 객체로 변경해 보자.

```
cat > 13-03.py

#!/usr/bin/env python3

class Person:
    def work(self):
            print("To Work!")
    def play(self):
            print("To Play!")

man = Person()
woman = Person()

man.name = "Oh Dong Jin"
man.age = 50
```

man 인스턴스 객체에 성명과 연령이라는 정적인 속성을 각각 설정한다.

```
print("My name is {} and My age is {}".format(man.name, man.age))
```

예제 6-14에서 설명한 문자열 서식에 따라 출력

```
man.work()
```

바운드 인스턴스 메서드 호출 방식에 따라 출력

```
woman.name = "Fujii Mina"
name = woman.name

woman.age = 30
age = woman.age
```

woman 인스턴스 객체에 성명과 연령이라는 정적인 속성을 각각 설정한 뒤 새로운 참조 변수에 할당한다.

```
print("Your name is {} and Your age is {}".format(name, age))
```

```
예제 6-14에서 설명한 문자열 서식에 따라 출력

Person.play(woman)

언바운드 인스턴스 메서드 호출 방식에 따라 출력

^C

python3 13-03.py

My name is Oh Dong Jin and My age is 50
To Work!
Your name is Fujii Mina and Your age is 30
To Play!
```

예제 13-3

예제 13-3에서는 인스턴스 객체를 생성한 뒤에야 별도로 성명과 연령을 설정했다. 인스턴스 객체 생성과 동시에 성명과 연령도 나온다면 더 편하지 않을까? 과연 이것이 가능할까? 초기화 메서드^{initialize method}를 이용하면 가능하다. 초기화 메서드를 생성자 메서드^{constructor method}라고도 부른다(초기화라고 하면 휴대 전화 등에서 수행하는 공장 초기화라는 이미지 때문인지 몰라도 필자는 **생성자**라는 표현을 선호한다).

생성자 메서드에 대한 사용 예는 예제 13-4와 같다.

```
cat > 13-04.py

#!/usr/bin/env python3

class Person:
    def __init__(self, name, age):
            self.name = name
            self.age = age
```
생성자 메서드를 설정한다. 생성자 메서드도 메서드인 만큼 **def** 문을 이용한다. 다만 그 뒤에 **__init__**처럼 언더 바 두 개를 init 문 앞뒤로 입력해 설정한다. 괄호 안에는 정적인 속성에 해당하는 인자를 name과 age처럼 각각 설정한다.

또한 메서드 안에서 멤버나 메서드를 사용할 경우에는 멤버나 메서드 이름 앞에 반드시 **self.** 처럼 적어야 한다. 그렇지 않다면 해당 멤버나 메서드를 클래스 외부에서 검색한다. 마치 예제 **10-10**과 예제 **10-11**에서 설명한 **LGB 규칙**과 같다.

```
    def work(self):
            print("To Work!")
    def play(self):
            print("To Play!")

man = Person("Oh Dong Jin", 48)
```

인스턴스 객체 생성 시 인스턴스 객체의 정적 속성도 같이 설정한다.

```
print("My name is {} and My age is {}".format(man.name, man.age))

man.name = "Alex Oh"
name = man.name
```

인스턴스 객체의 정적 속성 중 성명에 해당하는 멤버를 변경

```
man.age = 50
age = man.age
```

인스턴스 객체의 정적 속성 중 연령에 해당하는 멤버를 변경

```
print("My name is {} and My age is {}".format(name, age))
^C

python3 13-04.py

My name is Oh Dong Jin and My age is 48
```

인스턴스 객체 생성 시 출력한 내용

```
My name is Alex Oh and My age is 50

클래스 멤버 변경 후 출력한 내용
```

예제 13-4

예제 13-4에서와 같이 **생성자 메서드**는 인스턴스 객체 생성 시 인스턴스 객체의 정적 속성을 동시에 설정할 때만 사용하는 메서드는 아니다. 예제 13-2에서도 사실 생성자 메서드는 이미 있었다. 단지 사용자에게 드러나지 않았을 뿐이다. 예제 13-5를 통해 이러한 내용을 확인해 보겠다.

```
cat > 13-05.py

#!/usr/bin/env python3

class Person:
      def __init__(self):
            pass
```

괄호 안에 인자도 없고 바디도 공백이다. 이런 생성자 메서드를 특히 기본 생성자 메서드^{default constructor method}라고 부른다.

```
      def work(self):
            print("To Work!")
      def play(self):
            print("To Play!")

man = Person()
```

인스턴스 객체 생성 시 인스턴스 객체이 전저 속성도 같이 셀징해 쭈지만 이 경우 정적 속성이 **공백**이기 때문에 아무런 내용이 없다.

```
#print("My name is {} and My age is {}".format(man.name, man.age))
```

공백인 정적 속성을 출력하는 내용이다. 그러나 실제 실행할 때에는 주석 처리해야 한다. **주석**을 빼고

```
실행하면 다음과 같은 오류가 발생한다.

Traceback (most recent call last):
  File "13-05.py", line 14, in <module>
    print("My name is {} and My age is {}".format(man.name, man.age))
AttributeError: 'Person' object has no attribute 'name'

man.name = "Oh Dong Jin"
name = man.name
man.age = 50
age = man.age

print("My name is {} and My age is {}".format(name, age))
^C

python3 13-05.py

My name is Oh Dong Jin and My age is 50
```

예제 13-5

인스턴스 객체 초기화를 담당하는 **기본 생성자 메서드**는 **모든 클래스에서 기본 설정** 상태
다. 그렇기 때문에 사용자 눈에는 안 보였을 따름이다. 클래스를 생성할 때에는 언제
나 예제 13-5에서와 같은 기본 생성자 메서드를 염두에 두기 바란다.

파이썬에는 생성자 메서드 이외에도 정적 메서드^{static method}와 클래스 메서드^{class method}
등과 같은 또 다른 특수 메서드도 있다.

정적 메서드부터 알아보자. 정적 메서드에서는 @staticmethod라는 장식자를 이용하
며 self 인자가 없다. 또한 정적 메서드에서는 인스턴스 객체가 아닌 **클래스 객체 자신**
을 통해 호출한다. 예제 13-6을 통해 구체적으로 확인해 보자.

```
cat > 13-06.py

#!/usr/bin/env python3
```

```
class Person:
    @staticmethod
    def work():
        print("To Work!")
```

@staticmethod라는 장식자를 이용해 **work( )**가 **정적 메서드**임을 명시한다. 이때 **work( )** 메서드 괄호 안에 **self** 인자가 **없다**는 점에 주목해야 한다.

```
Person.work()
```

인스턴스 객체가 아닌 **클래스 객체 자신**을 이용해 정적 메서드를 직접 호출한다. 사실상 **언바운드 인스턴스 메서드 호출** 개념이다.

```
man = Person()
man.work()
```

인스턴스 객체 생성을 통한 호출, 다시 말해 **바운드 인스턴스 메서드 호출**도 가능하다.

```
^C


python3 13-06.py

To Work!
```

언바운드 인스턴스 메서드 호출에 따른 출력

```
To Work!
```

바운드 인스턴스 메서드 호출에 따른 출력

예제 13-6

일반 메서드는 예제 13-2에서와 같이 첫 번째 인자 self를 통해 인스턴스 객체 man 또는 woman 등을 받지만 정적 메서드에서는 클래스 객체 자신이 전해지면서 인자를 생성한다. 물론 인자는 눈에 안 보인다.

정적 메서드에 이어 **클래스 메서드**를 알아보자. 클래스 메서드에서는 @classmethod라는 장식자를 이용하며 인스턴스 객체가 아닌 **클래스 객체 자신**을 통해 호출한다. 그러나 정적 메서드와 달리 클래스 메서드에는 self 인자가 있다. 예제 13-7을 통해 구체적으로 확인해 보자.

```
cat > 13-07.py

#!/usr/bin/env python3

class Person:
        @classmethod
        def work(self):
                print("To Work!")

@classmethod라는 장식자를 이용해 work()가 클래스 메서드임을 명시한다. 이때 self 인자에
는 man 등과 같은 인스턴스 객체가 아닌 Person 등과 같은 클래스 객체 자신이 전해진다. 이처럼
클래스 메서드에는 정적 메서드와 달리 self 인자가 있다.

Person.work()

정적 메서드처럼 클래스 객체 자신을 이용해 호출한다. 이때 self 인자에는 Person이 전해진다.
정적 메서드와 마찬가지로 사실상 언바운드 인스턴스 메서드 호출 개념이다.

woman = Person()
woman.work()

정적 메서드처럼 바운드 인스턴스 메서드 호출도 가능하다.

^C

python3 13-07.py

To Work!
```

```
언바운드 인스턴스 메서드 호출에 따른 출력

To Work!

바운드 인스턴스 메서드 호출에 따른 출력
```

예제 13-7

정적 메서드와 달리 클래스 메서드에는 self 인자가 있다. 그러나 인스턴스 객체가
아닌 클래스 객체 자신이 들어간다는 특징이 있다.

정적 메서드와 클래스 메서드에 이어 이번에는 **인스턴스 멤버**와 **클래스 멤버**의 개념을
알아보자.

인스턴스 멤버[instance member]는 인스턴스 객체 이름 공간에 생기며 각각의 인스턴스 객
체만 참조할 수 있지만 클래스 멤버[class member]는 클래스 이름 공간에 생기며 모든 인
스턴스 객체가 참조할 수 있다는 특징이 있다. 다시 말해 **인스턴스 멤버**는 클래스 내
부에 설정한 **메서드 안에 위치**하고 **클래스 멤버**는 클래스 내부에 설정한 **메서드 밖에 위
치**한다.

먼저 예제 13-8에서 인스턴스 멤버의 사용 예를 보자.

```
cat > 13-08.py

#!/usr/bin/env python3

class Calculator:
        def __init__(self, x, y);
                self.x = x #Instance Member
                self.y = y #Instance Member

        def add(self):
                print(self.x + self.y)
```

```
      def subtract(self):
              print(self.x - self.y)
```

예제 13-4에서 본 바와 같이 클래스 내부에서 인스턴스 멤버를 참조할 때에는 **self.x** 또는 **self.y**처럼 작성해야 한다.

```
c1 = Calculator(20, 10)

c1.add( )
c1.subtract( )
```

인스턴스 객체 c1은 인스턴스 멤버 self.x와 self.y를 참조할 수 있다.

```
c2 = Calculator(30, 20)

c2.add( )
c2.subtract( )
```

인스턴스 객체 c2도 인스턴스 멤버 self.x와 self.y를 참조할 수 있다.

^C

python3 13-08.py

30
10

인스턴스 객체 c1의 계산 결과

50
10

인스턴스 객체 c2의 계산 결과

예제 13-8

예제 13-8에서 보는 바와 같이 **클래스 내부의 메서드 안에서 사용하는 참조 변수가 인스턴스 멤버**다.

이번에는 클래스 멤버의 속성을 알아보자. 확인을 위해 예제 13-1의 내용을 다시 보자.

```
cat > 13-09.py

#!/usr/bin/env python3

class Moon:
    size = 3314 #Class Member
    def round(self):
            print("The moon rotates around the earth.")

size = 3314 문이 바로 클래스 멤버다.

print(Moon.size)

클래스 객체 자신을 이용해 클래스 멤버를 호출한다.

m1 = Moon()
print(m1.size)

클래스 멤버는 인스턴스 객체와 공유하기 때문에 인스턴스 객체 m1를 이용해 클래스 멤버를 호출할 수
있다.

m2 = Moon()
print(m2.size)

당연히 인스턴스 객체 m2를 이용해서도 클래스 멤버를 호출할 수 있다.
^C

python3 13-09.py

3314
```

```
클래스 객체 자신을 이용한 클래스 멤버 호출

3314

클래스 객체 m1을 이용한 클래스 멤버 호출

3314

인스턴스 객체 m2를 이용한 클래스 멤버 호출
```

예제 13-9

예제 13-8과 예제 13-9를 보면 용도는 다르지만 **인스턴스 멤버**는 **지역 변수**에 비유하고 **클래스 멤버**는 **전역 변수**에 비유할 수 있다. 인스턴스 멤버와 클래스 멤버는 차후 메모리 구조와 동작 등을 이해할 때 중요하게 다루는 개념인 만큼 예제 13-8과 예제 13-9를 기억하기 바란다.

이상으로 클래스의 전반적인 내용을 알아보았다. 정리하자면 파이썬 입장에서는 **클래스도 결국 데이터 타입이다**. 단지 다른 데이터 타입과 달리 **조금 더 정교한 형태의 데이터 타입**일 뿐이다. 클래스를 이용하면 소스 코드의 복잡도를 줄일 수 있고 복잡도가 줄면 당연히 버그 수정 등이 쉽다. 이는 곧 **유지 보수의 향상**을 의미한다. 이러한 장점은 앞으로 클래스의 개념을 무수히 사용하면서 자연스럽게 체득할 내용이다. 마치 오랜 시간 영어를 접하다 보면 새로운 영어 단어를 발음 기호가 없어도 발음할 수 있는 이치와 같다. 그런 만큼 클래스 개념을 너무 어렵게 생각하지 말기 바란다.

그럼 이제 클래스의 가장 중요한 특징인 상속[instance]에 대해 알아보자. 클래스를 사용하는 이유가 소스 코드의 **재사용성**에 있고 **상속**은 이러한 **재사용성을 구현하기 위한 핵심적인 내용**이다.

종[species] · 속[genus] · 과[family] · 목[order] · 강[class] · 문[division] · 계[kingdom]란 말을 한 번쯤 들어 보았을 듯하다. 생물체를 분류하는 단위다. 객체지향의 개념도 용어만 다를 뿐 사실 이러한 분류 체계에 기인한다. **상속의 개념은 바로 생물체의 유전**^{fenetics}**이란 개념을 차용**했다. **현실 세계의 사물을 모방**하면서 이러저러한 생물학 이론을 차용한 개념이 바로 **객체지향**이기도 하다.

생물학의 분류와 유전이란 개념을 기반으로 예제 13-10과 같은 내용을 보자.

```
cat > 13-10.py

#!/usr/bin/env python3

class Animals:
        def breathe(self):
                print("breathing!")

        def move(self):
                print("moving!")

class Mammals:
        def breathe(self): #중복 메서드
                print("breathing!")

        def move(self): #중복 메서드
                print("move!")

        def feed_young_with_milk(self):
                print("feeding young!")
^C
```

예제 13-10

예제 13-10에서 Animals 클래스와 Mammals 클래스의 메서드를 자세히 보면 breathe() 메서드와 move() 메서드가 두 개의 클래스에서 **중복**해 나온다. 소스 코드의 중복은 소스 코드의 복잡도를 증가시키고 복잡도의 증가는 버그 수정 등과 같은 **유지 보수 비용을 증가**시킬 수밖에 없다. 상속의 개념을 적용한다면 이런 **중복성을 제거**

해 **유지 보수의 비용을 감소**시킬 수 있다. 상속의 개념을 적용하면 예제 13-10을 예제 13-11처럼 간결하게 변경할 수 있다.

```
cat > 13-11.py

#!/usr/bin/env python3

class Animals:
    def breathe(self):
            print("breathing!")
    def move(self):
            print("moving!")

class Mammals(Animals):
    def feed_young_with_milk(self):
            print("feeding young!")
```

Animals 클래스의 함수를 Mammals 클래스에서도 상속받아 사용하고 싶다면 Mammals 클래스를 작성하면서 **Mammals**^Animals처럼 **괄호 안에 상속받을 클래스 이름을 입력**한다. 이때 Animals 클래스처럼 상속해 주는 클래스를 베이스 클래스^base class 또는 수퍼 클래스^super class라고 하며 Mammals 클래스처럼 상속받는 클래스를 파생 클래스^derived class 또는 서브 클래스^sub class라고 부른다. 이처럼 서브 클래스가 수퍼 클래스로부터 메서드 등을 상속받았다면 서브 클래스에 해당 함수가 없더라도 수퍼 클래스에서 해당 기능을 호출해 사용할 수 있다.

```
a = Animals()
a.breathe()
```

a 인스턴스 객체가 Animals 클래스의 **breathe( )** 메서드를 호출했다.

```
m = Mammals()
m.move()
```

원래 Mammals 클래스에는 **move( )** 메서드가 없었지만 상속 관계를 통해 수퍼 클래스로부터 상속을 받았다. 따라서 **m 인스턴스 객체가 Animals 클래스로부터 상속받은 move( )** 메서드를 호출할 수 있다. 이것이야말로 상속이 주는 강점이다.

```
m.feed_young_with_milk()

m 인스턴스 객체는 당연히 원래부터 자신이 가지고 있던 feed_young_with_milk() 메서드를
호출할 수 있다.
^C

python3 13-11.py

breathing!
moving!
feeding young!
```

예제 13-11

예제 13-11을 통해 가장 기본적인 상속의 사용 예를 살펴보았다. 생각보다 어렵지
않아 보인다. 그림 13-1을 예제 13-11과 연관해 생각하면 더욱 쉽게 이해할 수 있
을 듯하다.

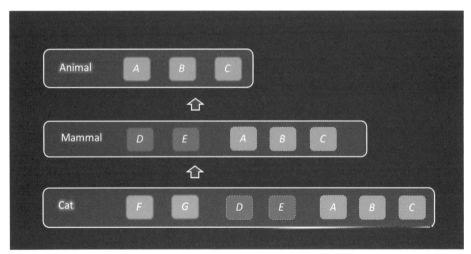

그림 13-1

그림 13-1에서와 같이 **동물**[Animal]에게는 A와 B와 C의 속성이 있다. 동물로부터 나온
포유류[Mammal]는 동물에게 있는 A와 B와 C의 속성뿐 아니라 포유류 고유의 속성인 D

와 E가 있다. 다시 포유류로부터 나온 **고양이**[Cat]에게는 A, B, C, D, E의 속성뿐 아니라 고양이의 속성인 F와 G가 있다. 객체지향에서 언급하는 **상속**도 이와 같은 개념이다. 앞서 말한 바와 같이 생물학의 유전이란 개념에서 차용했기 때문이다.

상속을 사용할 때에는 **생성자 메서드**에 주의할 필요가 있다. 예제 13-12의 경우를 생각해 보자.

```
cat > 13-12.py

#!/usr/bin/env python3

class Super:
        def __init__(self):
                print("Super init called")

class Sub(Super):
        def __init__(self):
                print("Sub init called")

s = Sub()
^C

python3 13-12.py

Sub init called
```
인스턴스 객체 s를 생성하는 순간 Sub 클래스의 생성자 메서드를 호출

예제 13-12

예제 13-12에서 보는 바와 같이 **인스턴스 객체 s를 생성할 때 서브 클래스의 생성자 메서드를 호출**한다. 그러면 서브 클래스가 아닌 수퍼 클래스의 생성자 메서드를 호출하는 방법은 없을까? 예제 13-13처럼 작성하면 가능하다.

```
cat > 13-13.py
```

```
#!/usr/bin/env python3

class Super:
    def __init__(self):
        print("Super init called")

class Sub(Super):
    def __init__(self):
        Super.__init__(self)
        print("Sub init called")
```

서브 클래스 생성자 메서드에 **Super.__init__(self)** 문을 삽입한다. 이때 **print** 문보다 먼저 Super.__init__(self) 문이 위치해야 한다. **print** 문보다 **Super.__init__(self)** 문을 먼저 실행해야 하기 때문이다. 주의하기 바란다.

```
s = Sub()
^C

python3 13-13.py

Super init called
Sub init called
```

예제 13-13

예제 13-13의 실행 결과를 통해 생성자 메서드 호출 과정을 추론해 볼 수 있다. **인스턴스 객체를 생성하면 먼저 서브 클래스에서 수퍼 클래스의 생성자 메서드를 검색한다.** 서브 클래스에 수퍼 클래스의 생성자 메서드가 있다면 수퍼 클래스의 생성자 메서드를 먼저 실행하고 서브 클래스의 생성자 메서드를 실행한다. 서브 클래스에 수퍼 클래스의 생성자 메서드가 없다면 예제 13-12처럼 서브 클래스의 생성자 메서드를 실행하고 종료한다. 이번에는 서브 클래스의 생성자 메서드가 없기 때문에 수퍼 클래스의 생성자 메서드만을 실행하는 경우를 보자.

```
cat > 13-14.py

#!/usr/bin/env python3

class Super:
        def __init__(self):
                print("Super init called")

class Sub(Super):
        pass

s = Sub()
^C

python3 13-14.py

Super init called
```

예제 13-14

예제 13-14에서 보는 바와 같이 서브 클래스의 생성자 메서드가 없는 경우에는 수퍼 클래스의 생성자 메서드만을 실행하는 것을 볼 수 있다.

파이썬에서 상속 기능을 사용할 때 주의해야 할 내용은 예제 13-12에서 예제 13-14까지 모두 설명했다. 소스 코드가 복잡해지면 이러한 내용을 놓치기 쉬운 만큼 가급적 해당 예제를 기억하기 바란다.

한편 클래스 상속을 다루면서 객체지향의 또 다른 특징인 다형성polymorphism도 고려해야 한다. 참고로 다형성의 반대를 단형성monomorphism이라고 한다.

다형성이란 **하나의 메소드가 다양한 방법으로 동작**하는 것을 의미한다. **맥가이버 칼**을 이용하면 다각적인 용도로 사용할 수 있는데 이것이 다형성과 관련한 이미지다. 예제를 통해 조금 더 자세히 알아보자.

```
cat > 13-15.py
```

```
#!/usr/bin/env python3

class Triangle:
        def __init__(self, width, height = 10):
                self.width = width
                self.height = height
```

예제 **10-6**에서 설명한 **기본 인자**를 적용해 height = 10과 같이 설정했다.

```
        def getArea(self):
                area = self.width * self.height / 2.0
                return area
```

Triangle 클래스에서 **getArea( )** 메서드를 설정한다.

```
class Square:
        def __init__(self, size):
                self.size = size

        def getArea(self):
                area = self.size * self.size
                return area
```

Square 클래스에서도 **getArea( )** 메서드를 설정했지만 메서드 내용은 Triangle 클래스의 **getArea( )** 메서드와 다르다. 이처럼 똑같은 메서드의 이름을 사용하지만 기능이 다를 경우 다형성 이라고 한다.

```
t = Triangle(4)
print(t.getArea())

s = Square(4)
print(s.getArea())
^C

python3 13-15.py
```

```
20.0

Triangle 클래스에서 getArea() 메서드를 출력한 결과

16

Square 클래스에서 getArea() 메서드를 출력한 결과
```

예제 13-15

예제 13-15에서 보는 바와 같이 비록 동일한 이름이긴 하지만 실행한 결과는 완전히 다르다. 이것이 바로 다형성의 기능이다.

그런데 다형성이 상속과 결합하면 어떤 결과를 얻을까? 예제 13-16과 같이 확인해보자.

```
cat > 13-16.py

#!/usr/bin/env python3

class Base:
        def display(self):
                print("Base display() called")

class Derived(Base):
        def display(self):
                print("Derived display() called")
```

Derived 클래스는 Base 클래스에서 상속받았을 뿐만 아니라 Base 클래스와 똑같은 이름과 똑같은 기능의 display() 메서드를 설정했다. 이런 경우를 오버라이딩overriding이라고 한다.

```
d = Derived()
d.display()
^C
```

```
python3 13-16.py

Derived display() called
```

출력 결과를 보면 Derived 클래스에서 설정한 **display( )** 메서드를 실행했음을 알 수 있다.

예제 13-16

예제 13-16에서 보는 바와 같이 Derived 클래스는 Base 클래스로부터 display() 메서드를 상속받았지만 이미 Derived 클래스 자신에게도 display() 메서드가 있기 때문에 상속받은 display() 메서드를 제거했음을 알 수 있다. 그렇다면 수퍼 클래스의 메서드를 실행할 수 있는 방법은 없을까? 예제 13-17을 통해 확인해 보자.

```
cat > 13-17.py

#!/usr/bin/env python3

class Base(object):
        def display(self):
                print("Base display() called")
```

클래스 헤더에서 **Base(object)**처럼 작성한다.

```
class Derived(Base):
        def display(self):
                super(Derived, self).display()
                print("Derived display() called")
```

Derived 클래스의 **display( )** 메서드 바로 밑에 **super(Base, self).display( )** 문을 추가한다.

```
d = Derived()
d.display()
^C
```

```
python3 13-17.py

Base display( ) called

Base 클래스에서 설정한 display( ) 메서드 실행 결과

Derived display( ) called

Derived 클래스에서 설정한 display( ) 메서드 실행 결과
```

예제 13-17

예제 13-16과 예제 13-17의 결과를 보면 마치 예제 13-12와 예제 13-13의 결과와 비슷하다는 느낌이다. 그렇다면 예제 13-14처럼 서브 클래스의 메서드가 없는 경우라면 어떤 결과를 출력할까? 클래스 개념을 정리하는 차원에서 여러분 각자가 구현해 보기 바란다.

제9장에서 **예외 종류**를 다룬 적이 있다. 그렇다면 파이썬에서 처리하는 예외 종류는 몇 가지가 있을까? 다음 사이트를 참고하면 알 수 있다.

https://docs.python.org/3.4/library/exceptions.html

이제 예외 종류를 클래스, 특히 상속의 개념에서 **재해석**할 필요가 있다. 다음의 내용을 차분히 읽어 보기 바란다.

모든 예외는 클래스로 표현할 수 있는데 이중 5.4 **예외의 계층성**[exception hierarchy] 부분을 보면 최상위 구조에 BaseException 클래스가 있다. BaseException 클래스 아래로는 SystemExit 클래스 등을 볼 수 있다. BaseException 클래스로부터 상속을 받는 클래스들이다. 이중에서도 Exception 클래스가 제9장에서 다루었던 각종 예외 처리에 대한 핵심 클래스다.

BaseException 클래스와 마찬가지로 Exception 클래스 아래로 무수한 클래스들을 볼 수 있다. 물론 Exception 클래스를 부모 클래스로 간주하는 자식 클래스

들이다. OSError 클래스 역시도 Exception 클래스를 부모 클래스로 간주하는 자식 클래스 중 하나다. 또한 OSError 클래스 아래로 또 다른 자식 클래스들이 있다. ConnectionError 클래스도 그중 하나이고 다시 ConnectionError 클래스 아래로 BrokenPipeError 클래스 등과 같은 또 다른 자식 클래스들이 있다. 따라서 BaseException 클래스를 시조로 간주하는 BrokenPipeError 클래스의 상속 관계는 다음과 같다.

```
BaseException >> Exception >> OSError >> ConnectionError >> BrokenPipeError
```

상속 관계를 보면 그림 13-1과 같은 흐름이다. 다시 말해 동물보다는 포유류의 속성이 보다 구체적인 것과 마찬가지로 BaseException 클래스보다는 Exception 클래스가 구체적인 속성을 가진다. 또한 Exception 클래스보다는 OSError 클래스가 더욱 구체적이다. 이것을 반대로 말하자면 예외 처리를 할 경우 BrokenPipeError 클래스가 아닌 ConnectionError 클래스로 설정하면 ConnectionError 클래스는 자식 클래스가 처리하는 모든 예외를 처리해 준다.

극단적인 일례로 오류 종류를 BrokenPipeError 클래스가 아닌 Exception 클래스로 설정하면 사용자는 막연한 오류 내용만을 접할 수 있기 때문에 오류 내용을 파악하기가 그만큼 힘들어질 수밖에 없다. 따라서 예외 처리 시에는 단순히 오류 종류만 고려하지 말고 이러한 상속 관계까지 고려해 설정할 필요가 있다.

이번 장에서는 생소한 내용이 많이 나왔다. 처음이라 생소할 뿐이다. 여유를 가지고 본문 내용을 반복해 읽으면서 각각의 내용을 이해하고 기본 예제를 암기해 두기 바란다.

이상으로 클래스와 관련한 설명을 마치겠다.

14

GUI 기초

파이썬에는 tkinter라는 내장 모듈이 있다. **그래픽 기능을 지원**하는 모듈이다. tkinter 모듈을 통해 **기초적인 GUI 환경을 구성**해 보겠다.

먼저 데비안/우분투 환경이라면 다음과 같은 명령어를 입력해 해당 모듈을 사용할 수 있도록 한다. 윈도우 환경 등에서는 불필요하다.

```
sudo apt-get install python3-tk
```

설치가 끝났으면 예제 14-1과 같이 작성한다. GUI 환경을 실행하기 위해서는 해당 운영 체제에서 직접 실행해야 한다. 원격 접속한 상태에서는 디스플레이 기능이 안 나오기 때문이다. 기억하기 바란다.

```
import tkinter
```

그래픽 기능을 지원하는 **tkinter** 모듈을 임포트한다.

```
root = tkinter.Tk( )
```

tkinter 모듈에 있는 **Tk 클래스**에서 **인스턴스 객체 root**를 생성한다.

```
root.mainloop( )
```

인스턴스 객체 root를 이용해 **mainloop( )** 메서드를 실행한다. **mainloop( )** 메서드는 이벤트 루프event loop로서 키보드나 마우스 등에서 입력이 들어오면 입력 내용을 **처리**한다.

예제 14-1

예제 14-1에서 주의할 점은 Tk 클래스에서 인스턴스 객체를 생성했다면 mainloop( ) 메서드가 언제나 맨 마지막에 위치해야 한다는 점이다. 이것은 예제 9-2에서 open( ) 메서드를 이용해 파일을 생성한 뒤 맨 마지막 줄에서 close( ) 메서드를 사용하는 것과 같다.

예제 14-1이 복잡하다는 느낌이 든다면 예제 14-2와 같이 작성한다.

```
cat > 14-02.py

#!/usr/bin/env python3

from tkinter import *

예제 11-5와 같은 방식을 이용해 tkinter 모듈을 임포트한다.

root = Tk( )

tkinter 모듈에 있는 Tk 클래스에서 인스턴스 객체 root를 생성한다.

root.mainloop( )

인스턴스 객체 root를 이용해 mainloop( ) 메서드를 실행한다.

^C

python3 14-02.py
```

```
Traceback (most recent call last):
File "14-02.py", line 5, in <module>
root = Tk()
File "/usr/lib/python3.4/tkinter/__init__.py", line 1854, in __init__
self.tk = _tkinter.create(screenName,baseName,className,interactive,wa
ntobjects,useTk,sync,use)
_tkinter.TclError: no display name and no $DISPLAY environment variable
```

예제 14-2

원격 접속 상태에서 해당 파일을 실행하면 예제 14-2와 같이 실행 오류가 뜬다. 원격에서 디스플레이 지원 문제(no display name and no $DISPLAY environment variable) 때문에 일어난 오류다. 다시 한 번 말하지만 GUI 구성은 원격이 아닌 로컬, 다시 말해 해당 운영 체제에서 직접 실행해야 한다.

예제 14-2의 내용을 해당 운영 체제에서 직접 실행하면 그림 14-1과 같다.

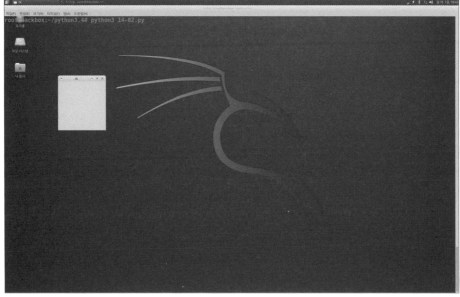

그림 14-1

예제 14-2의 내용은 단지 작은 창을 구현한 것에 불과하다. 창에 제목도 없고 크기도 밋밋하게 느껴진다. 황량한 벌판과 같다. 그러나 예제 14-2에서 사용한 예가 GUI **환경을 구성하는 가장 기본적인 형식**이다. 기억하기 바란다.

예제 14-2를 기반으로 **사용자가 원하는 제목과 크기 등을 설정**해 보자. 이때 제목 설정을 위해서는 title() 메서드를 이용하며 좌표와 크기 설정을 위해서는 geometry() 메서드를 이용한다. geometry() 메서드를 사용할 경우에는 "**가로** ∗ **세로+x축 거리+y축 거리**"와 같은 인자가 필요하다. 다시 말해 geometry("500x100+200+100")과 같이 사용한다.

```
from tkinter import *

root = Tk()

root.title("My GUI application")

창에 My GUI application이라는 제목을 설정하기 위해 title() 메서드를 실행한다.
title() 메서드의 기능은 그림 14-2에서 알 수 있는 바와 같이 창에 제목을 설정하는 기능을 수행
한다.

root.geometry("500x100+200+100")

창의 좌표와 크기를 설정하기 위해 geometry() 메서드를 실행한다. 여기에서는 가로 500, 세로
100, x축 거리 200, y축 거리 100과 같이 설정했다.

root.mainloop()
```

예제 14-3

예제 14-3에서와 같이 geometry() 메서드에서 창의 좌표와 크기를 설정할 수 있다. 창의 좌표와 크기는 괄호 안의 숫자를 변경해 보면서 자신에게 부합한 값으로 각자 설정하기 바란다.

이번에는 창에 **버튼**Button을 올려보자. 버튼이란 **마우스가 클릭할 수 있는 부분**이다. 버튼은 Button 클래스로부터 **인스턴스 객체를 생성**하면 바로 구현할 수 있다. 또한 생성한

버튼을 창과 연결하기 위해서는 pack() 메서드를 이용한다. 이러한 내용을 기반으로 예제 14-4와 같이 작성한다.

```
from tkinter import *

root = Tk()

root.title("My GUI application")
root.geometry("500x100+200+100")

b = Button(root, text = "Click Me")
```

Button 클래스로부터 **인스턴스 객체 b**를 생성한다. **생성 형식**을 기억하기 바란다.

```
b.pack()
```

pack() 메서드를 통해 **창과 버튼을 연결**할 수 있다.

```
root.mainloop()
```

예제 14-4

예제 14-4에서 **버튼의 기능**은 **입력이 발생했음을 알리는 일종의 초인종과 같은 역할**을 수행한다. 이것을 이벤트[event]라고 하는데 **소스 코드가 입력을 감지한 뒤 이에 따라 적절하게 처리할 수 있는 동작이나 사건**을 의미한다. 사용자가 **키보드와 마우스를 통해 값을 입력하는 행위**가 가장 대표적인 이벤트 발생에 해당하며 경우에 따라 **타이머**와 같은 하드웨어 장치가 이벤트를 발생시키기도 한다. 예제 14-5와 같이 작성해 실제 실행한 결과를 확인해 보자.

```
cat > 14-05.py

#!/usr/bin/env python3

from tkinter import *
```

```
root = Tk()

root.title("My GUI application")
root.geometry("500x100+200+100")

b = Button(root, text = "Click Me!")
b.pack()

root.mainloop()
^C

python3 14-05.py
```

예제 14-5

이미 언급한 바와 같이 예제 14-5는 원격이 아닌 **로컬에서 직접 해당 파일을 실행해야** **정상적으로 동작**한다. 예제 14-5를 실행한 결과는 그림 14-2이다.

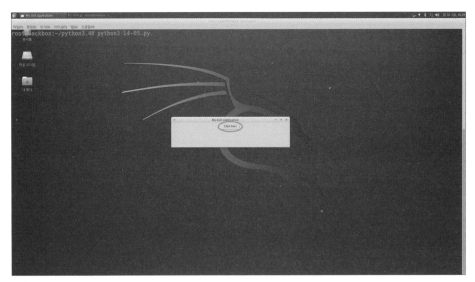

그림 14-2

그림 14-2에서와 같이 버튼이 달린 창이 뜬다. pack() **메서드**를 통해 창과 버튼을 연

결한 결과다.

이제 버튼 부분을 마우스로 클릭해 본다. 아무런 반응이 없다. 마치 탄환이 없는 권총을 격발하는 기분이다. 이제 탄환을 장착해 격발이 가능하도록 설정해 보자. 다시 말해 이벤트 버튼^{Event Button}을 생성해 보자. **이벤트 버튼**이란 **버튼을 클릭했을 때 이벤트가 발생하는 버튼을 의미**한다. 이벤트 버튼을 구현하기 위해서는 Button 클래스에서 인스턴스 객체를 생성하기 전 사용자 정의 메서드를 이용해 버튼 클릭 이후의 처리 과정을 작성할 필요가 있다.

예제 14-6과 같이 clickMe()라는 **사용자 정의 메서드를 설정**해 Button 클래스에서 인스턴스 객체를 생성하면서 **이벤트 버튼과 clickMe() 메서드의 연결 고리를 연결**해 보자.

```
cat > 14-06.py

#!/usr/bin/env python3

from tkinter import *

root = Tk()

root.title("My GUI application")
root.geometry("500x100+200+100")

def clickMe():
        print("I have just been clicked!")
```

이벤트 버튼을 클릭할 경우 호출할 사용자 정의 메서드를 작성한다.

```
b = Button(root, text = "Click Me!", command = clickMe)
```

command = clickMe처럼 이벤트 버튼과 **clickMe() 메서드의 연결 고리를 설정**한다. 이제 **이벤트 버튼을 클릭하면 clickMe() 메서드를 호출**할 수 있다. 생성 형식을 기억하기 바란다.

```
b.pack()
```

```
창과 이벤트 버튼을 연결한다.

root.mainloop()
^C

python3 14-06.py

I have just been clicked!

이벤트 버튼을 클릭하면 clickMe() 메서드를 호출해 준다.
```

예제 14-6

예제 14-6의 실행 결과는 그림 14-3이다.

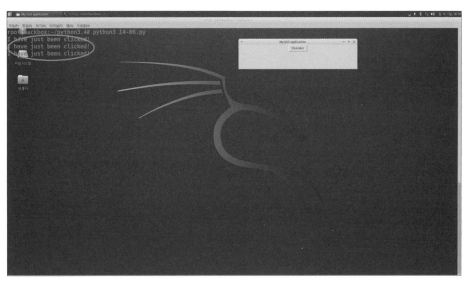

그림 14-3

그림 14-2와 달리 그림 14-3에서는 **이벤트 버튼을 클릭할 때마다 clickMe() 메서드를 호출하면서 I have just been clicked!는 문자열을 출력**해 줌을 볼 수 있다. 예제 14-6의 내용을 기억해 두기 바란다. GUI 구성에 있어 가장 기본적인 내용이기 때문이다.

이번에는 예제 14-4를 기반으로 예제 14-7을 작성해 보자(실행 파일로 작성하지 말고 소스 코드만 보기 바란다).

```
from tkinter import *

root = Tk()

root.title("My GUI application")
root.geometry("500x100+200+100")

label = Label(root, text="Type your name!")
label.pack()

Label 클래스로부터 인스턴스 객체 label을 생성한 뒤 pack() 메서드를 이용해 창과 연결한다.

entry = Entry(root)
entry.pack()

Entry 클래스로부터 인스턴스 객체 entry을 생성한 뒤 pack() 메서드를 이용해 창과 연결한다.

button = Button(root, text="Sure?")
button.pack()

Button 클래스로부터 인스턴스 객체 button를 생성한 뒤 pack() 메서드를 이용해 창과 연결한다.

root.mainloop()
```

예제 14-7

예제 14-7의 Label 클래스에서 생성한 인스턴스 객체 label은 창 본문에 문자열을 설정하는 기능을 수행하며 Entry 클래스에서 생성한 인스턴스 객체 entry는 창 본문에 문자열을 입력 받을 수 있는 입력 창을 설정하는 기능을 수행한다.

예제 14-7을 기반으로 창에 자신의 이름을 입력하면 name.txt 파일에 저장하는 GUI 환경을 구현해 보겠다. 이를 통해 GUI 환경에서 이벤트 처리뿐 아니라 데이터 처리도 가능함을 확인해 볼 수 있다.

무엇보다 데이터 처리의 핵심은 Entry 클래스다. 더 정확히 말하자면 이름과 나이와 같은 **단문**을 처리하기 위해 entry = Entry(root)와 같은 설정이 필요하다. 만약 **장문** 처리가 필요하다면 Entry 클래스를 이용해 text = Text(root)와 같이 설정한다. 그리고 입력받은 문자열이 들어오면 예제 14-6에서와 같이 **이벤트 버튼과 clickMe() 메서드를 연결한 뒤 입력받은 데이터를 처리**해야 한다. 이 경우 입력받은 데이터를 name.txt 파일에 저장할 때 예제 9-2에서 다루었던 open() 메서드를 이용한다.

지금까지 설명한 내용을 예제 14-8과 같이 작성할 수 있다.

```python
from tkinter import *

root = Tk()

root.title("My GUI application")
root.geometry("500x200+400+200")

label = Label(root, text="Type your name!")
label.pack()

entry = Entry(root)
entry.pack()

def saveName():
        pass

button = Button(root, text="Save", command = saveName)
button.pack()

root.mainloop()
```

예제 14-8

예제 14-7과 비교해 볼 때 달라진 내용이 거의 없다. 다만 saveName()이라는 사용자 정의 메서드를 추가했을 뿐이다(현재는 pass 문으로 공백 처리한 상태다).

예제 9-2의 내용을 참조해 saveName() 사용자 정의 메서드를 구현하면 예제 14-9
와 같다.

```
def saveName():
    file = open("name.txt",  "a")
```

open() 메서드를 이용해 name.txt라는 파일을 생성한 뒤 **a** 설정을 통해 입력받은 데이터를 지속
적으로 추가하도록 설정한다.

```
    file.write("%s\n" % entry.get())
```

%s는 형식 지정자[format specifier]로서 문자열에 대응한다는 의미이고 **\n**은 이스케이프 문자[escape cahracter]
로서 줄바꿈하라는 의미다. **entry.get()** 메서드를 통해 입력받은 데이터를 name.txt 파일에
저장한다.

```
    entry.delete(0, END)
```

entry.delete() 메서드를 통해 입력받은 데이터를 name.txt 파일에 저장한 뒤 입력 창에서 해
당 데이터를 삭제한다. 괄호 안에 설정한 두 개의 인자 **0**과 **END**는 **첫 자리부터 마지막 자리까지** 입력
한 데이터 모두를 삭제하라는 의미다.

예제 14-9

예제 14-9에서 **형식 지정자**라는 개념이 나왔다. 형식 지정자는 **C 언어**에서 출력문을
작성할 때 흔하게 사용하는 개념이다. 다음 예제는 C 언어에서 일반적으로 볼 수 있
는 내용이다.

```c
#include <stdio.h>

int main(void) {
    printf("정수형 : %d\n", 10);
    printf("실수형 : %f\n", 10.0);
    printf("문자열 : %s\n", "C language");
```

```
      return 0;
}
```

이때 %d는 **정수 10**에 대응하고 %f는 **실수 10.0**에 대응하고 %s는 **문자열 C language**에
대응한다. 또한 \n 등을 **이스케이프 문자**라고 한다. \n은 **줄바꿈**을 의미하고 \b는 **백 스
페이스**를 의미하고 \t는 **탭**을 의미한다. 따라서 예제 14-9에서 사용한 **%s\n 부분은 문
자열을 줄바꿈하라는 의미**로 해석할 수 있다.

사실 파이썬에서는 출력문을 작성할 때 형식 지정자나 이스케이프 문자를 거의 사용
할 일이 없지만 상황에 따라 사용하는 경우가 있기 때문에 이에 대한 내용을 어느 정
도 숙지할 필요가 있다.

예제 14-9를 반영해 최종적인 형태를 구현하면 예제 14-10과 같다.

```
cat > 14-10.py

#!/usr/bin/env python3
from tkinter import *

root = Tk()
root.title("My GUI application")
root.geometry("500x200+400+200")

label = Label(root, text="Type your name!")
label.pack()

entry = Entry(root)
entry.pack()

def saveName():
        file = open("name.txt",  "a")
        file.write("%s\n" % entry.get())
        entry.delete(0, END)
```

```
button = Button(root, text="Save", command = saveName)
button.pack()

root.mainloop()
^C

python3 14-10.py
```

예제 14-10

예제 14-10에서 Entry 클래스로부터 인스턴스 객체 entry를 생성한 뒤 인스턴스 객체 entry에서 **pack()** 메서드와 **get()** 메서드, **delete()** 메서드를 이용해 일련의 데이터 처리를 구현했음을 볼 수 있다.

예제 14-10을 실행한 결과는 그림 14-4이다.

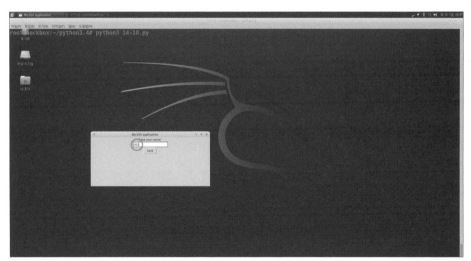

그림 14-4

입력한 내용을 name.txt 파일에 저장했는가를 그림 14-5와 같이 확인한다.

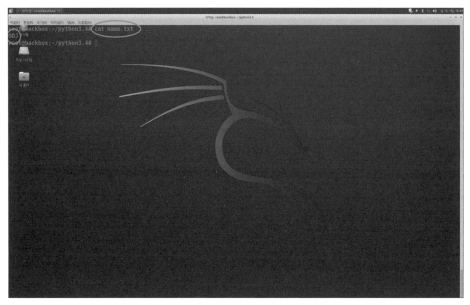

그림 14-5

한편 예제 14-10에서 Label 클래스와 Button 클래스를 다음과 같이 사용할 수도 있음을 알아두기 바란다. 자세히 보면 알겠지만 예제 13-2에서 설명한 바와 같이 **언바운드 인스턴스 메서드 호출**에 해당한다.

```
Label(root, text="Type your name!").pack()

Button(root, text="Save", command = saveName).pack()
```

예제 14-10은 예제 14-6과 더불어 가장 기본적인 내용인 만큼 가급적 기억해 두기 바란다.

이상으로 GUI 기초와 관련한 설명을 마치겠다.

스턱스넷에 대한
기록 영화

컴퓨터와 인터넷이 우리 일상을 지배하는 상황에서 악성 코드의 창궐과 감염이라는 소식은 우리에게 더 이상 공포가 아니다. 어느새 우리는 악성 코드라는 단어에 익숙해졌고 일상의 일부로 간주하기 시작했다. 다시 말해, 운이 없어 악성 코드에 걸리면 단순히 운영 체제를 재설치하는 불편함 정도로만 인식했다. 아무리 악랄할지라도 악성 코드는 단지 가상 공간의 파괴자일 뿐이었다.

2010년 6월 어느 사이버 보안 업체에서 지금까지 한 번도 본 적이 없는 아주 특이한 악성 코드를 발견했다. 기존의 악성 코드의 크기는 고작 10KB 정도였지만, 새로 발견한 악성 코드의 크기는 무려 500KB 정도였다. 실로 엄청난 용량이었다.

전문가들은 곧바로 역공학$^{\text{reverse engineering}}$에 착수했다. 소스 코드를 분석해 나가는 과정에서 전문가들은 이 기괴한 악성 코드에 다시 한 번 놀라고 말았다. 분석해 본 결과 해당 악성 코드는 독일의 지멘스^{siemens}라는 업체에서 생산한 PLC$^{\text{programmable logic controller}}$, 다시 말해 스카다^{SCADA} 시스템을 공격한다는 사실을 알았기 때문이다. 스카다 시스템이란 산업 시설을 제어하는 시스템을 의미한다.

또한 해당 악성 코드에서는 기존 바이러스 백신에서 검출할 수 없는 취약점이 무려 5개나 있었고, 물리적인 방법으로만 탈취할 수 있는 특정 업체의 전자 서명까지 있었다. 오랜 시간 동안의 분석 끝에 해당 악성 코드의 공격 목표는 원자력 발전소임을 알아냈다. 그리고 소스 코드에 새겨진 문자열을 조합해 해당 악성 코드를 스턱스넷

stuxnet이라고 명명했다.

2016년 개봉한 〈제로 데이즈Zero Days〉는 스턱스넷을 추적한 기록 영화다. 감독은 알렉스 기브니Alex Gibney. 알렉스는 스턱스넷의 정교한 구조, 그리고 스턱스넷을 발견한 시기와 2009년 이란의 원자력 발전소에서 발생한 고장 등을 근거로 스턱스넷은 이란의 원자력 발전소 파괴를 목표로 미국과 이스라엘이 공동으로 진행한 공작이었음을 〈제로 데이즈〉를 통해 폭로한다.

〈제로 데이즈〉에는 당시 스턱스넷을 분석하는데 참여했던 전문가들이 등장해 스턱스넷의 동작 과정을 구체적으로 설명한다. 또한 미국 정보 기관의 전·현직 책임들과의 면접 장면, 그리고 국가 안보국national security agency에서 근무하는 익명 제보자와의 면접 장면 등을 통해 올림픽 게임 작전operation olympic games이라고 명명한 스턱스넷 공작 과정을 추적한다.

〈제로 데이즈〉는 2016년 베를린 영화제에서 황금곰상 후보에 오르기도 했다.

스턱스넷의 존재가 드러난 뒤 국내의 모 사이버 보안 업체에서는 "지금까지의 위험과는 차원이 다른 보안 위협의 새로운 패러다임 시대가 열린 것을 의미"한다고 했다.

스턱스넷 등장을 계기로 악성 코드는 가상 공간을 넘어 현실 공간에까지 위협을 가할 수 있다는 것을 입증했다. 2010년 스턱스넷의 존재가 드러난 이후 스턱스넷은 중국·미국·인도네시아·인도·파키스탄 등에서 창궐해 철강·전력·원자력 등 주요 산업 시설에 피해를 가했다. 이것은 폭격기를 동원해 산업 시설을 파괴하는 것과 다를 바 없다. 악성 코드도 이제는 엄연한 군사 무기임을 방증하는 사례가 아닐 수 없다.

더욱이 전 세계가 사물 인터넷 시대에 접어드는 시점에서 스턱스넷의 등장은 산업 시설뿐 아니라 개인 자택까지 침투할 수 있다는 점에서 〈제로 데이즈〉가 주는 메시지는 그 어느 때보다 의미심장하다고 할 수 있다.

15

파이썬의 활용

이번 장에서 소개할 내용은 파이썬 활용이다. 그동안 익힌 파이썬 문법을 기반으로 사이버 보안과 특히 밀접한 **소켓 분야**와 **암호 분야**의 내용을 간략하게나마 확인해 보겠다. 앞에서 이미 언급한 적이 있지만 파이썬 활용은 문법 지식을 기반으로 해당 분야에 대한 지식이 필요하다. 그런 만큼 고급 수준으로 도약하기 위해서는 해당 분야에 대한 지식을 습득하는 데 경주해야 한다.

간단한 UDP/TCP 소켓 작성

해커가 파이썬 언어를 사용하면서 가장 많이 다루는 분야가 바로 **소켓이다. 각종 침투 도구를 작성**하거나 **보안 장비 등을 구현**할 때 소켓 내용은 가장 기본을 이루기 때문이다.

소켓^socket이란 서로 떨어진 두 대의 컴퓨터가 네트워크를 통해 상호 통신이 가능하도록 운영체제가 해당 자원을 할당하고 처리해 주는 방식을 의미한다. 다시 말해 **상호간에 데이터를 주**

고 받기 위한 프로세스 처리 방식을 소켓이라고 한다. 소켓 방식의 기원은 1982년 BSD 유닉스 커널에서 C 언어를 통해 구현했고 1986년 오늘날과 같은 TCP/IP 소켓 방식을 확립했다.

본격적으로 소켓에 접근하기 위해서는 무엇보다 TCP/IP 이론에 대한 충분한 이해가 있어야 한다(기본 지식이 없다면 필자의 저서 『해킹 입문자를 위한 TCP/IP 이론과 보안』(에이콘, 2016)을 참고하기 바란다). 유닉스/리눅스 기반의 운영 체제 동작 전반도 숙지해야 한다. 더불어 소켓을 기계 수준에서 이해하기 위해서는 포인터 중심의 C 언어 지식도 있어야 한다(사실 제12장의 내용은 바로 이런 점을 염두한 것이었다).

이번 장에서는 파이썬 문법을 복습하는 차원에서 간단하게나마 소켓 프로그래밍을 구현해 보겠다. 소켓을 생성하기 위해서는 UDP/TCP 정보와 출발지/목적지 포트 번호 그리고 출발지/목적지 IP 주소 등이 필요하다. 그리고 파이썬에서는 소켓 생성에 필요한 각종 기능을 socket 모듈에서 제공한다. 따라서 개발자는 socket 모듈을 임포트하기만 하면 다양한 소켓을 개발할 수 있다.

예제 12-3에서와 같이 socket 모듈을 임포트한 뒤 소켓을 생성하기 위한 문법은 다음과 같다.

```
s = socket.socket(Socket Family, Socket Type, Socket Protocols)
```

앞에 나온 socket은 **모듈 이름**이고 뒤에 나온 socket()은 **메서드 이름**이다. 또한 socket() **메서드**에는 세 개의 인자가 필요하다.

첫 번째 인자는 소켓 패밀리[socket family]로서 소켓에서 사용할 주소 구조의 형식을 설정한다. socket.AF_UNIX와 socket.AF_INET 그리고 socket.AF_INET6 또는 socket.PF_PACKET 등이 있다. 이중 socket.AF_INET는 **IPv4 주소**를 의미한다.

두 번째 인자는 소켓 타입[socket type]으로서 서버와 클라이언트 사이에서 사용하는 **전송 유형**을 설정한다. socket.SOCK_DGRAM과 socket.SOCK_STREAM 등이 있다. socket.

SOCK_DGRAM은 UDP를 의미하고 socket.SOCK_STREAM은 TCP를 의미한다.

세 번째 인자는 소켓 프로토콜^{socket protocols}로서 소켓 타입을 설정한 뒤 **소켓 타입을 더욱 세부적으로 구분**할 때 사용한다. socket.IPPROTO_UDP와 socket.IPPROTO_TCP 등이 있다. 일반적으로는 소켓 프로토콜을 **생략**하거나 **0**으로 설정한다. 다시 말해 예제 15-1과 같은 문은 모두 동일한 의미다.

```
s1 = socket.socket(socket.AF_INET, socket.SOCK_DGRAM)
s2 = socket.socket(socket.AF_INET, socket.SOCK_DGRAM, 0)
s3 = socket.socket(socket.AF_INET, socket.SOCK_DGRAM, socket.IPPROTO_
UDP)
```

예제 15-1

s1 유형과 s2 유형과 s3 유형 모두 UDP/IP 기반의 소켓을 운영 체제를 통해 생성하겠다는 의미다.

예제 15-1의 내용을 염두에 두고 먼저 UDP 방식에 기반한 **소켓 서버**를 구현해 보자.

UDP 방식에는 **버퍼링**^{buffering} **기능이 없기** 때문에 송신할 데이터가 발생하면 즉시 전송한다. 다시 말해 TCP 방식처럼 송신 전 상호간에 3단계 연결 설정^{3-way handshaking} 등과 같은 **상호 제어 과정이 없어** 시간에 민감한 DNS 서비스와 DHCP 서비스 등에서 사용한다.

UDP 소켓 서버의 구현 순서는 예제 15-2와 같다.

```
1. UDP 소켓 객체 생성

2. IP 주소와 포트 번호의 연동binding

3. UDP 소켓 서버의 동작 내용

4. UDP 소켓 객체 종료
```

예제 15-2

예제 15-2에서와 같이 UDP 소켓 서버의 구현은 예제 15-1과 같이 UDP 소켓 객체를 생성한 뒤 bind() 메서드를 이용해 IP 주소와 포트 번호를 연동시키고 UDP 소켓 서버의 동작 내용을 작성한다. 작성이 끝났으면 맨 마지막에 예제 9-2와 같이 close() 메서드를 이용해 생성한 UDP 소켓 객체를 종료한다.

곧이어 UDP 소켓 클라이언트의 구현 순서는 예제 15-3과 같다.

1. UDP 소켓 객체 생성

2. UDP 소켓 클라이언트의 동작 내용

3. UDP 소켓 객체 종료

예제 15-3

예제 15-2와 비교할 때 예제 15-3에는 bind() 메서드만 없을 뿐 나머지 내용은 모두 동일함을 알 수 있다.

예제 15-2에 따라 UDP 서버를 구현하면 예제 15-4와 같다.

```
cat > 15-04.py

#!/usr/bin/env python3

import socket

host = "localhost"

IP 주소를 문자열 타입으로 설정한다. host = "localhost" 문 대신 host = "127.0.0.1" 문으로 바꿀 수 있다.

port = 12345

1,024번 이후의 포트 번호 중에서 임의의 포트 번호를 정수로 설정한다.
```

```
s = socket.socket(socket.AF_INET, socket.SOCK_DGRAM)
```

예제 15-1의 s1 유형처럼 UDP/IP 기반의 **소켓 객체 s를 생성**한다.

```
s.setsockopt(socket.SOL_SOCKET, socket.SO_REUSEADDR, 1)
```

setsockopt() 메서드는 소켓 객체를 종료하자마자 해당 포트 번호를 재사용하도록 허용하겠다는 설정이다. 해당 문은 **선택 사항**이다.

```
s.bind((host, port))
```

bind() 메서드를 이용해 **IP 주소와 포트 번호를 연동**한다. **s.bind((host, port))** 문을 통해 localhost에서 12,345번 포트 번호를 활성화시킨 **UDP 서버를 생성**하겠다는 설정이다. 이때 **bind() 메서드의 인자**는 (host, port)처럼 **튜플** 타입이다.

```
print(s)
```

소켓 객체 s 내용을 출력한다. **해당 영역**에서 **UDP 서버의 동작 내용을 구현**한다.

```
s.close()
```

생성한 **소켓 객체 s를 종료**한다. 소켓 객체를 생성한 뒤 처리 과정이 끝났으면 예제 9-2와 같이 **close()** 메서드를 이용해 반드시 소켓 객체를 종료해야 한다.

```
^C
```

```
python3 15-04.py
```

해당 파일을 실행하면 다음과 같이 `print(s)` 문에 따라 소켓 객체 s 내용을 볼 수 있다.

```
<socket.socket fd=3, family=AddressFamily.AF_INET, type=SocketKind.
SOCK_DGRAM, proto=0, laddr=('127.0.0.1', 12345)>
```

예제 15-4

예제 15-4는 파이썬으로 작성한 UDP 서버의 전형적인 예이다. 일반적으로 print(s)

영역에 recvfrom() 메서드 등을 이용해 UDP 클라이언트로부터 수신한 데이터를 처리하도록 구현한다.

다음으로 예제 15-3에 따라 UDP 클라이언트를 구현하면 예제 15-5와 같다.

```
cat > 15-05.py

#!/usr/bin/env python3

import socket

host = "127.0.0.1"
port = 12345

s = socket.socket(socket.AF_INET, socket.SOCK_DGRAM, socket.IPPROTO_
UDP)

예제 15-1의 s3 유형처럼 UDP/IP 기반의 소켓 객체 s를 생성한다.

s.setsockopt(socket.SOL_SOCKET, socket.SO_REUSEADDR, 1)

#s.bind((host, port))

UDP 서버와 달리 UDP 클라이언트에서는 bind() 메서드를 이용한 연동 과정이 불필요하다.

print(s)

해당 영역에서 UDP 클라이언트의 동작 내용을 구현한다.

s.close()
^C

python3 15-05.py

해당 파일을 실행하면 다음과 같이 print(s) 문에 따라 소켓 객체 s 내용을 볼 수 있다.
```

```
<socket.socket fd=3, family=AddressFamily.AF_INET, type=SocketKind.
SOCK_DGRAM, proto=17, laddr=('0.0.0.0', 0)>
```

예제 15-5

예제 15-5는 파이썬으로 작성한 UDP 클라이언트의 전형적인 예다. 일반적으로 print(s) 영역에 sendto() 메서드 등을 이용해 UDP 서버로 전송하는 데이터를 처리하도록 구현한다.

이번에는 TCP 방식에 기반한 서버와 클라이언트를 구현해 보겠다. TCP 방식으로 서버와 클라이언트를 구현하기 위해서는 무엇보다 3단계 연결 설정을 고려해야 한다. 서버 측에서는 listen() 메서드와 accept() 메서드를 통해 이러한 과정을 구현하고 클라이언트 측에서는 connect() 메서드를 통해 이러한 과정을 구현하는 과정이 필요하다. 아울러 TCP 3단계 연결 이전과 이후를 구분해 TCP 3단계 연결 이전에는 **부모 프로세스**가 일련의 과정을 처리하지만 TCP 3단계 연결 이후에는 **자식 프로세스**가 일련의 처리 과정을 처리한다는 점도 기억해야 한다.

이러한 내용을 염두에 둘 때 **TCP 소켓 서버의 구현 순서**는 예제 15-6과 같다.

1. TCP 소켓 객체 생성

2. IP 주소와 포트 번호의 연동

3. **listen()** 메서드를 이용한 TCP 연결 대기 상태 구현

4. **accept()** 메서드를 이용한 TCP 연결 이후 처리 과정 구현

5. TCP 소켓 서버의 동작 내용

6. 자식 프로세스의 소켓 객체 종료

7. 부모 프로세스의 소켓 객체 종료

예제 15-6

예제 15-2와 비교해 볼 때 예제 15-6에서는 IP 주소와 포트 번호의 연동 이후 listen() 메서드와 accept() 메서드를 사용해 **3단계 연결을 처리하는 과정을 추가**했다. 또한 소켓 객체 종료도 **자식 프로세스**의 소켓 객체를 종료한 뒤 **부모 프로세스**의 소켓 객체를 종료했다. 만약 부모 프로세스의 소켓 객체를 먼저 종료하면 자식 프로세스의 소켓 객체는 예제 12-2에서 설명한 **고아 프로세스**로 전락하기 때문에 종료 순서에 유념할 필요가 있다.

곧이어 **TCP 소켓 클라이언트의 구현 순서**는 예제 15-7과 같다.

1. **TCP 소켓 객체 생성**

2. **connect()** 메서드를 이용한 TCP 연결 구현

3. TCP 소켓 클라이언트의 동작 내용

4. TCP 소켓 객체 종료

예제 15-7

예제 15-3과 달리 예제 15-7에서는 connect() 메서드를 이용하는 내용이 있다. TCP 클라이언트의 connect() 메서드는 TCP 서버의 accept() 메서드와 쌍을 이룬다. 정리하자면 TCP 서버의 listen() 메서드를 통해 TCP 클라이언트로부터 3단계 연결 설정을 기다리다 TCP 클라이언트의 connect() 메서드로부터 3단계 연결 요청이 들어오면 TCP 서버의 accept() 메서드가 이것을 처리함으로써 상호간에 통신이 발생한다. 이때 TCP 서버에서는 accept() 메서드 처리까지 부모 프로세스가 동작하며 이후부터는 자식 프로세스가 동작한다.

예제 15-6에 따라 TCP 서버를 구현하면 예제 15-8과 같다.

```
cat > 15-08.py

#!/usr/bin/env python3
```

```
import socket

host = "127.0.0.1"
port = 12345

parent = socket.socket(socket.AF_INET, socket.SOCK_STREAM)
parent.setsockopt(socket.SOL_SOCKET, socket.SO_REUSEADDR, 1)

parent.bind((host, port))

parent.listen(10)
```

listen() 메서드는 UDP 서버에는 없다. 3단계 연결 설정에 따라 동작하는 TCP 클라이언트로부터 연결 요청을 기다리겠다는 의미다. 이때 **listen()** 메서드의 인자 **10**이 의미하는 바는 **10대의 TCP 클라이언트를 대상으로 접속을 기다리겠다는 의미**다.

```
(child, address) = parent.accept()
```

accept() 메서드 역시도 UDP 소켓 서버에는 없다. **accept()** 메서드는 TCP 3단계 연결을 수행한 뒤 새로운 소켓 객체 **child**와 주소(IP 주소와 포트 번호)를 튜플 타입으로 반환한다. 이때 **accept()** 메서드 실행까지는 **부모 프로세서인 소켓 객체 parent**가 일련의 작업을 수행하고 **accept()** 메서드 실행 이후부터는 **자식 프로세스인 소켓 객체 child**가 일련의 작업을 수행한다는 의미다.

```
child.send("Thank you for connecting!".encode())
```

해당 영역에서 TCP 서버의 동작 내용을 구현하는데 지금과 같은 경우 자식 프로세스가 **send()** 메서드를 이용해 TCP 클라이언트에게 문자열을 전송한다. **encode()** 메서드는 예제 4-20에서 설명한 바와 같이 문자열 타입을 바이트 타입으로 변경해 주는 기능을 수행한다.

```
child.close()
```

자식 프로세스의 소켓 객체 child를 종료한다.

```
parent.close()
```

```
부모 프로세스의 소켓 객체 parent를 종료한다.
^C


python3 15-08.py &
[1] 2478


끝에 붙은 &는 백그라운드background 상태에서 해당 파일을 실행하겠다는 의미다. 백그라운드 상태에서
는 프로세스가 화면 전면이 아닌 이면에서 동작한다. 2478은 백그라운드 프로세스 ID다.
```

예제 15-8

곧이어 예제 15-7에 따라 TCP 소켓 클라이언트를 구현하면 예제 15-9와 같다.

```
cat > 15-09.py

#!/usr/bin/env python3

import socket

host = "127.0.0.1"
port = 12345

s = socket.socket(socket.AF_INET, socket.SOCK_STREAM)
s.setsockopt(socket.SOL_SOCKET, socket.SO_REUSEADDR, 1)

s.connect((host, port))

connect() 메서드는 UDP 서버에는 없다. TCP 서버 측 accept() 메서드와 대응 관계를 이루
면서 일련의 TCP 3단계 연결 설정을 수행한다.

data = s.recv(65565)

recv() 메서드는 TCP 서버의 send() 메서드와 대응 관계를 이루며 데이터를 수신한다. 또한 recv()
메서드는 수신한 데이터만 반환한다. 65565는 수신할 수 있는 데이터 양을 지정한 버퍼 크기다.

print("Recevied Data:", data.decode())
```

```
decode( ) 메서드는 예제 4-20에서 설명한 바와 같이 바이트 타입을 문자열 타입으로 변경해 주는
기능을 수행한다. 아울러 recv( ) 메서드와 print( ) 메서드를 설정한 영역이 TCP 클라이언트의
동작 내용에 해당한다.

s.close( )
^C


python3 15-09.py

서버로부터 수신한 문자열을 다음과 같이 출력한다.

Recevied Data: Thank you for connecting!

해당 문자열 출력과 동시에 백그라운드 상태에 있던 서버의 상태도 다음과 같이 종료한다.

[1]+ 완료                        python3 15-07.py
```

예제 15-9

TCP 서버가 동작 중인 상태에서 예제 15-9처럼 TCP 클라이언트가 TCP 서버로
접속하면 TCP 서버는 send() 메서드를 이용해 Thank you for connecting!이라는
문자열을 TCP 클라이언트로 전송해 준다. 그러면 TCP 클라이언트에서는 recv()
메서드를 이용해 문자열을 수신한 뒤 print() 메서드를 이용해 해당 문자열을 출력해
준다.

소켓에 대한 보다 자세한 내용은 필자의 저서 『소켓 개발 입문자를 위한 백박스 기반의
파이썬 2.7』(에이콘, 2016)을 참고하기 바란다.

보안 알고리즘의 이해

사이버 보안은 일반적으로 기밀성 · 무결성 · 가용성 · 인증 · 부인 봉쇄로 구분한다.

기밀성confidentiality은 쌍방간에 주고받은 실제 정보에 대한 **비밀성**을 보장하는 개념이
고 무결성integrity은 쌍방간에 주고받은 실제 정보에 대한 **정확성**을 보장하는 개념이고

가용성^{availability}은 정당한 사용자가 필요할 때마다 즉각적으로 정보에 **접근**해 사용하는 개념이다. 또한 인증^{authentication}은 송신자와 수신자 사이의 **확신성**을 보장하는 개념이고 부인 방지^{non-repudiation}는 수신자가 정보를 받았는데 송신자가 이를 부인하는 일 등을 **방지**하는 개념이다. 이중 기밀성은 사이버 보안의 기본이자 중심을 이룬다. 무결성 등과 같은 개념은 보다 완벽한 기밀성을 구현하기 위한 역사적 경험의 파생물이다. 지금에는 기밀성과 무결성 등이 상호 영향을 주는 상호 보완 관계를 형성한다.

기밀성을 구현하기 위해서는 **암호 이론**^{encryption algorithm}이 필수적이다. 사이버 암호 체계에서는 암호 해독문을 열쇠^{key}라고 부르는데 송신자와 수신자가 사용하는 열쇠 방식에 따라 대칭 암호 구조^{symmetric key algorithm}와 비대칭 암호 구조^{asymmetric key algorithm}로 구분한다. **대칭 암호 구조란 송신자와 수신자가 사용하는 열쇠가 동일한 경우**이고 **비대칭 암호 구조란 송신자와 수신자가 사용하는 열쇠가 상이한 경우**다.

대칭 암호 구조에서 **송신자와 수신자가 동일하게 사용하는 열쇠**를 비밀 열쇠^{secrete key}라고 부르고 비대칭 암호 구조에서 **송신자와 수신자가 상이하게 사용하는 각각의 열쇠**를 공개 열쇠/개인 열쇠^{public key/private key}라고 부른다. 또한 암호화^{encryption}란 **평문을 암호문으로 변경하는 개념**이고 복호화^{decryption}란 암호화의 반대로서 **암호문을 평문으로 변경하는 개념**이다. 당연히 송신자는 암호화의 주체이고 수신자는 복호화의 주체이다.

비밀 열쇠를 이용하는 대칭 암호 구조에 해당하는 대표적인 암호 알고리즘에는 **DES**^{data encryption standard} 방식과 **AES**^{advanced encryption standard} 방식 등이 있다. DES 방식은 64 바이트 단위의 **블록**^{block}과 비밀 열쇠를 이용하는 알고리즘이다. 64 바이트 단위의 블록이란 평문을 암호화하기 전에 64 바이트 단위의 크기로 블록을 생성한다는 의미다.

예를 들어 128 바이트 크기의 평문을 DES 방식으로 암호화한다면 평문은 각각 64 바이트 크기로 이루어진 2개의 블록을 생성한다. 만약 56 바이트 크기의 평문은 DES 방식으로 암호화한다면 64 바이트에서 부족한 8 바이트를 **패딩**^{padding}으로 채운다. 64 바이트 크기의 비밀 열쇠란 비밀번호를 구할 확률이 $1/2^{64}$이란 의미다. 그러나 실제 비밀번호의 크기는 56 바이트라고 알려졌다(AES 방식의 경우에는 이미 예제 3-4에서 소개했으니깐 참고하기 바란다).

한편 무결성 알고리즘에는 요약 함수와 전자 서명^{digital signature} 등이 있다.

요약 함수^{hash function}는 대칭 암호 구조와 비대칭 암호 구조 모두에서 무결성을 구현하기 위해 사용하는 알고리즘으로서 **가변적인 길이의 원본을 고정적인 길이의 요약본으로 처리**하는 일종의 **메시지 인증 코드**^{message authentication code}다. 유닉스/리눅스 기반의 요약 함수에는 MD5 방식과 SHA-256 방식 그리고 SHA-512 방식 등과 같은 종류가 있다(**윈도우 기반의 요약 함수**에는 LM 방식과 NTLM 방식 등이 있다). 기밀성에서 암호화 이전 상태를 평문이라 부르고 암호화 이후 상태를 암호문이라고 부르는 것처럼 무결성에서 요약 함수 **처리 이전 상태**를 **원본**이라고 부르며 **요약 함수 처리 이후 상태를 요약본**이라고 부른다. 다시 말해 MD5 방식은 원본의 길이와 무관하게 언제나 **128 비트** 길이의 요약본을 출력하고 SHA-512 방식은 **512 비트** 길이의 요약본을 출력한다.

일단 이런 내용을 기반으로 파이썬 언어를 이용해 DES 방식에 따라 평문을 암호문으로 변경하고 암호문을 다시 평문으로 변경해 보겠다. 아울러 대칭 암호 구조에는 ECB 모드 · CBC 모드 · CFB 모드 · OFB 모드 · CTR 모드처럼 다섯 가지 운영 모드가 있는데 여기서는 ECB 모드로 구현하겠다.

파이썬에서 보안 알고리즘을 구현하기 위해서는 루트 계정에서 pip install pycryptodome 명령어를 입력해 예제 15-10과 같이 설치한다.

```
root@backbox:~# pip install pycryptodome
```

예제 15-10

PyCrytodome 패키지는 파이썬에서 암호 기능을 구현할 수 있도록 지원하는 패키지다.

이제 예제 15-11과 같이 DES 방식에 따라 **암호화**와 **복호화**을 구현해 보겠다.

```
cat > 15-11.py
```

```
#!/usr/bin/env python3

from Crypto.Cipher import DES
```

pycryptodome 패키지를 설치하면 **DES** 모듈을 임포트할 수 있다.

```
plaintext = "Python rocks!"
```

평문을 생성한다.

```
key = "12345678"
```

비밀 열쇠를 설정한다.

```
def padding(plaintext):
    while len(plaintext) % 8 != 0:
        plaintext = plaintext + " "
    return plaintext
```

padding( ) 사용자 정의 메서드는 평문을 64바이트 단위의 블록으로 생성하기 위한 용도로 사용한다.

```
plaintext = padding(plaintext)
```

평문을 64바이트 단위의 블록으로 생성하기 위해 **패딩을 적용**한다.

```
des = DES.new(key, DES.MODE_ECB)
```

ECB 모드에 기반해 비밀 열쇠가 12345678인 DES 알고리즘의 객체를 생성한다.

```
cyphertext = des.encrypt(plaintext)
print(cyphertext)
```

평문을 암호문으로 변경한다.

```
plaintext = des.decrypt(cyphertext)
```

```
print(plaintext)

암호문을 평문으로 변경한다.

python3 15-11.py

b'\xb3\xe0\x963\xe1\xec\x02!\x8fF\x02L\xd7\x87\xc8\xdf'
b'Python rocks!   '

해당 파일을 실행하면 암호문과 평문을 바이트 타입으로 각각 출력한다.
```

예제 15-11

사실 예제 15-11의 내용은 파이썬 문법이라기 보다는 DES 이론을 확인하는 내용이다. 간단한 소스 코드로 이루어졌지만 DES 알고리즘의 속성을 모른다면 이해하기 어려운 내용일 수 있다. 배경 지식을 숙지한 뒤 다시 한 번 확인해 보기 바란다(특히 padding() 메서드 사용 부분).

이번에는 **요약 함수**를 이용해 **원본**을 **요약본**으로 출력해 보겠다. 요약 함수에는 요약본을 원본으로 복원할 수 없다는 **일방향성** 특징이 있다. 이런 특성 때문에 유닉스/리눅스 기반의 운영 체제 등에서 비밀번호를 저장할 때 사용하는 알고리즘이기도 하다(유닉스/리눅스 기반에서 cat /etc/shadow 명령어를 통해 확인 가능).

예제 15-12와 같이 요약 함수를 이용해 **원본**을 **요약본**으로 출력해 보자.

```
cat > 15-12.py

#!/usr/bin/env python3

import hashlib

hashlib 모듈을 임포트한다.

md5 = hashlib.md5("1234".encode()).hexdigest()
print(md5)
```

원본 1234를 **MD5** 방식으로 처리한 **요약본을 출력**한다.

```
sha256 = hashlib.sha256("1234".encode()).hexdigest()
print(sha256)
```

원본 1234를 **SHA-256** 방식으로 처리한 **요약본을 출력**한다.

```
sha512 = hashlib.sha512("1234".encode()).hexdigest()
print(sha512)
```

원본 1234를 **SHA-512** 방식으로 **처리한 요약본을 출력**한다.

```
python3 15-12.py
```

```
81dc9bdb52d04dc20036dbd8313ed055
```

원본 1234를 MD5 방식으로 처리한 요약본

```
03ac674216f3e15c761ee1a5e255f067953623c8b388b4459e13f978d7c846f4
```

원본 1234를 SHA-256 방식으로 처리한 요약본

```
d404559f602eab6fd602ac7680dacbfaadd13630335e951f097af3900e9de176b6db28
512f2e000b9d04fba5133e8b1c6e8df59db3a8ab9d60be4b97cc9e81db
```

원본 1234를 SHA-512 방식으로 처리한 요약본

예제 15-12

요약본은 원본으로 복원할 수 없다고 앞에서 설명했다. 만약 복원할 수 있다면 운영 체제에 저장한 비밀번호 관리에 치명적일 수밖에 없다. 해커는 요약 함수의 일방향성 속성을 레인보우 테이블rainbow table을 이용해 무력화시키곤 한다. **레인보우 테이블**이란 예제 15-13과 같이 요약본과 원본을 연동해 놓은 일종의 사전 정보다.

```
81dc9bdb52d04dc20036dbd8313ed055 / 1234
```

예제 15-13

다시 말해 해커가 입수한 요약본(81dc9bdb52d04dc20036dbd8313ed055)을 예제 15-13과 같은 레인보우 테이블에 입력하면 레인보우 테이블에서 요약본에 대응하는 원본(1234)을 검색한다. 물론 요약본과 원본의 대응 관계 내용이 레인보우 테이블에 없다면 공격자의 공격은 실패할 수밖에 없다. 참고로 레인 보우 테이블은 다음 사이트에서 확인할 수 있다.

```
goo.gl/VXHGl
```

이상으로 파이썬 활용과 관련한 설명을 마치겠다.

My-SQL과 파이썬 연동 설정

리눅스 기반에서 웹 서버를 구축할 때 자주 사용하는 조합이 아파치^{apache}와 PHP 언어 그리고 My-SQL이다(세 가지를 흔히 APM이라고 부른다).

먼저 아파치는 웹 서비스를 위해 설치하는 프로그램으로서 데비안/우분투 계열에서는 루트 계정을 이용해 다음과 같이 설치한다. 이후의 모든 작업은 루트 계정을 이용한다.

```
apt-get install apache2
```

백박스에서는 아파치를 내장한 상태이기 때문에 별도로 설치할 필요가 없다.

참고로 백박스 운영 체제의 경우에는 index.html 문서가 /var/www/html/ 디렉토리에 위치한다.

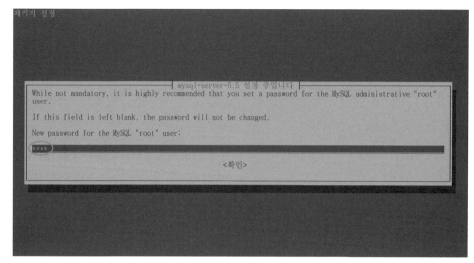

그림 부록-1

다음으로 My-SQL은 MS-SQL 등과 같은 대표적인 **관계형 DBMS**다. 웹 사이트에서 가입자의 계정과 비번 또는 게시물을 저장하기 위한 용도로 사용하기 때문에 웹 서비스 구축 시 반드시 설치해야 할 도구다. 데비안/우분투 계열에서는 다음과 같이 설치한다.

```
apt-get install mysql-server mysql-client
```

설치 여부를 물어보면 y를 입력해 설치를 진행한다. 설치 진행 중 그림 부록-1과 같은 화면이 뜬다. My-SQL 루트 계정에 대한 비번 설정 화면이다. 적당한 비번을 설정하도록 한다.

마지막으로 PHP 언어를 설치한다. PHP 언어는 CGI 방식에 따라 HTML 문서와 My-SQL 등을 연결하는 역할을 수행한다고 생각하면 무리가 없다. 우분투에서는 다음과 같이 설치한다.

```
apt-get install php libapache2-mod-php php-xml php-gd php-mysql
```

만약 데비안이라면 다음과 같이 설치한다.

```
apt-get install php5 libapache2-mod-php5 php5-gd php5-mysql
```

웹 서버 구축을 위한 모든 설치가 끝났다. 이제 약간의 설정 과정이 남았다.

아파치를 다음과 같이 구동한다.

```
service apache2 restart
```

다음과 같이 입력한다.

```
echo "<?php phpinfo();?>" > /var/www/html/phpinfo.php
```

/var/www/html/ 디렉토리에 〈?php phpinfo();?〉 내용을 담은 phpinfo.php 문서를 생성하겠다는 의미다. PHP 언어 사용 여부를 확인하기 위해 작성한 것이다.

그런 다음 웹 브라우저 주소창에 192.168.10.219/phpinfo.php처럼 입력해 출력 결과를 확인한다. 다음과 같은 표시가 화면에 뜨면 성공이다. 이때 192.168.10.219번은 백박스 IP 주소다.

```
PHP Version 5.5.9-1ubuntu4.20
```

이로서 APM 기반의 웹 서비스 구축 준비가 끝났다.

이제 My-SQL과 파이썬을 연동하기 위한 작업을 진행해 보겠다. 먼저 다음과 같이 My-SQL 서버에 접속한다.

```
mysql -u root -p
```

그림 16-1에서 설정한 비번을 입력한다. 인증에 성공하면 다음과 같은 내용을 볼 수 있다.

```
Server version: 5.5.53-0ubuntu0.14.04.1 (Ubuntu)
```

접속에 성공했으면 다음과 같이 입력한다.

```
create database acorn_db;
```

My-SQL이라는 DBMS에 acorn_db라는 데이터베이스를 생성하겠다는 의미다. 참고로 acorn_db 데이터베이스를 삭제할 경우 다음과 같이 입력한다.

```
drop database acorn_db;
```

acorn_db 데이터베이스를 생성했다면 exit 명령어를 입력해 My-SQL 서버에서 빠져나온다.

먼저 파이썬 2 버전에 기반해 My-SQL과 연동 여부를 확인하기 위해 다음과 같이 설치한다.

```
apt-get install python-pip python-dev libmysqlclient-dev
```

이어서 **MySQLdb 모듈**을 다음과 같이 설치한다. MySQLdb 모듈을 통해 파이썬 2 버전에 기반해 My-SQL 서버에 접속할 수 있다.

```
pip install MySQL-python
```

이제 예제 16-1과 같이 작성해 My-SQL과 연동 여부를 확인한다.

```
cat > 16-01.py
```

```
#!/usr/bin/env python
```

파이썬 2 버전 경로를 명시

```
#-*-coding:utf-8 -*-
```

파이썬 3과 달리 파이썬 2에서는 utf-8을 명시해야 한국어 사용이 가능

```
import MySQLdb
```

MySQLdb 모듈 임포트

```
#Open database connection
db = MySQLdb.connect("127.0.0.1", "root", "1234", "acorn_db")
```

My-SQL 서버에 접속해 acorn_db에 접근하겠다는 의미

```
#prepare a cursor object using cursor() method
cursor = db.cursor()
```

SQL 질의어를 실행할 객체를 생성

```
#execute SQL query using execute() method.
cursor.execute("select version()")
```

My-SQL 서버 버전을 확인하기 위한 **select version()** 질의어를 실행

```
#Fetch a single row using fetchone() method.
data = cursor.fetchone()
```

select version() 질의어를 실행한 결과를 저장하기 위한 설정

```
print "database version : %s " % data
```

파이썬 2 버전에서 사용하는 **print** 문과 문자열 서식

```
#disconnect from server
db.close()

반드시 My-SQL 접속을 마치면서 자원을 회수하도록 설정

^C

python 16-01.py

파이썬 3이 아닌 파이썬 2를 실행하겠다는 의미

database version : 5.5.53-0ubuntu0.14.04.1

성공적으로 실행했으면 위와 같은 내용을 출력
```

예제 16-1

예제 16-1의 결과를 통해 PHP 언어가 아닌 파이썬 언어를 이용해서도 웹 서버를 구축할 수 있음을 보았다. 더불어 매 코드마다 주석을 설정했다. **가급적 주석을 이용해 소스 코드를 작성해 주는 습관**을 들이기 바란다.

이번에는 파이썬 3 버전에 기반해 My-SQL과 연동 여부를 확인하기 위해 다음과 같이 설치한다.

```
apt-get install python3-pip python3-dev libmysqlclient-dev
```

이어서 **pymysql 모듈**을 다음과 같이 설치한다. pymysql 모듈을 통해 파이썬 3 버전에 기반해 My-SQL 서버에 접속할 수 있다.

```
pip3 install pymysql
```

만약 모듈이 없다는 오류가 발생하면 다음과 같이 입력하기 바란다.

```
pip3 install PyMysql
```

예제 16-2와 같이 작성해 My-SQL과 연동 여부를 확인한다.

```
cat > 16-02.py

#!/usr/bin/env python3

import pymysql

#Open database connection
db = pymysql.connect("127.0.0.1", "root", "1234", "acorn_db")

#prepare a cursor object using cursor() method
cursor = db.cursor()

#execute SQL query using execute() method.
cursor.execute("select version()")

#Fetch a single row using fetchone() method.
data = cursor.fetchone()

print("database version : {} ".format(data))

파이썬 3 버전에서 사용하는 print() 메서드와 문자열 서식

#disconnect from server
db.close()
^C

python3 16-02.py

database version : ('5.5.53-0ubuntu0.14.04.1',)
```

예제 16-2

예제 16-2에서와 같이 파이썬 3에서도 My-SQL 서버에 성공적으로 접속할 수 있었다. 파이썬 2 버전과 착오가 없기 바란다.

추천 영화 **8**

스노든의 프리즘 폭로 사건을
묘사한 극 영화

올리버 스톤$^{Oliver\ Stone}$은 〈플래툰^{Platoon}〉·〈7월 4일생$^{Born\ of\ the\ Fourth\ of\ July}$〉·〈하늘과 땅 $^{Heaven\ \&\ Earth}$〉 등 이른바 베트남 전쟁 3부작으로 유명한 미국 영화 감독이다. 베트남 전쟁 3부작에서 일관성 있게 흐르는 기조는 반전이다. 이러한 기조는 올리버가 육군 보병으로 베트남 전쟁에 참전했던 이력과 무관하지 않다. 베트남 전쟁 3부작에서 짐 작하겠지만 그는 스탠리 큐브릭$^{Stanley\ Kubrick}$처럼 좌파 영화 감독으로 통한다. 베트남 전쟁 3부작을 포함해 그의 작품 상당수는 미국적 가치에 대해 날카롭게 비판한 내용 들이다.

2016년 개봉한 〈스노든^{Snowden}〉 역시도 감독의 이러한 정치적 성향에서 나온 작품이 라고 할 수 있겠다. 제목에서 알 수 있는 바와 같이, 내용은 에드워드 조지프 스노든 $^{Edward\ Joseph\ Snowden}$의 과거와 현재를 다룬 작품이다. 그는 2013년 언론사를 통해 자신 이 근무했던 중앙 정보국^{CIA}과 국가 안보국^{NSA}의 기밀 문서를 공개한 내부 고발자다. 스노든의 기밀 문서를 통해 CIA/NSA가 전 세계를 대상으로 수행했던 무차별적이고 도 반인권적인 감시와 감청 등이 알려졌다. 스노든의 이러한 폭로는 이전까지 소문 으로만 나돌던 것을 실제 증거를 통해 입증한 셈이다. 스노든 역할은 조셉 고든 레빗 $^{Joseph\ Gordon-Levitt}$이 담당했다.

영화는 스노든이 언론사 기자와 접선하는 장면에서부터 시작한다. 은밀한 장소에서 기자들 앞에 앉은 그는 자신의 과거 행적을 하나씩 밝혀 나간다.

국가에 봉사하고 싶었던 그는 육군에 자원 입대하지만 훈련 중 부상으로 훈련소에서 퇴소한다. 이후 그는 CIA에 지원해 비밀 요원으로 새로운 생활을 시작한다. 탁월한 해킹 실력으로 CIA에서 인정받은 그는 어느 날 우연히 NSA에서 운영하는 감시 체계를 접하곤 충격을 받는다.

안보라는 명분으로 법원의 감청 영장도 없는 상태에서 무차별적으로 일어나는 정보 수집 방식에 스노든은 조금씩 자신이 속한 비밀 조직에 대해 의문과 회의가 들기 시작한다. 엄격한 비밀을 전제로 하는 국가 정보 기관의 속성과 사생활의 보호라는 가치가 그의 내면에서 충돌하면서 괴로워하던 스노든은 마침내 위험한 결정을 내린다.

스노든의 기밀 문서 공개를 통해 수집하려는 정보를 인터넷 기업에서 제공하는 정보에서 취합하는 프리즘PRISM 시스템의 존재도 알려졌을 뿐 아니라 미국은 G8 정상들의 통화 내용도 감청하고 있었다는 사실도 밝혀졌다. 아울러 프리즘보다 더욱 강력한 엑스키스코어XKeyscore 시스템의 존재도 알려졌다. 엑스키스코어는 직접 인터넷에 기반해 모든 사용자의 작업을 감시할 수 있는 감시망으로 전자 우편까지도 감청이 가능하다고 한다. 영화 초반에 스노든이 충격받았다는 NSA 감시망이 바로 엑스키스코어다.

엑스키스코어의 존재는 이미 스노든 이전에 토머스 드레이크라는 NSA 직원에 의해 처음 부각되었다. 그는 익명 제보를 통해 엑스키스코어의 부당성을 폭로했고 법무부는 그런 그를 간첩 혐의로 2010년 기소했다.

NAS는 이러한 감시망 운영뿐 아니라 우방국까지도 악성 코드를 이식하는데 집중했다. 영화 중반에 군사 동맹국인 일본의 주요 시스템에 악성 코드를 삽입하는 장면이 나온다. 적대국으로 돌아설 경우를 대비한 조치다.

올리버는 〈스노든〉 제작을 위해 스노든과 10차례 접견했다고 밝혔다. 스노든 폭로 사건은 현재 진행형이고 또한 그에 대한 평가가 워낙 극단적이라 영화 제작에 많은 애로가 있었다는 것도 밝혔다. 〈스노든〉은 결국 미국 주요 제작사들의 거부로 프랑스와 독일에서 투자를 받아 제작했다. 심지어 주인공을 연기한 조셉 고든 레빗조차 영화 주제의 민감성 때문에 많은 고민이 있었을 정도라고 한다.

미국인의 생명과 재산을 보호하기 위한 조치라고 할 수 있는 이러한 NSA의 감시 활동을 올리버 스톤이라는 미국인은 과연 어떻게 바라볼까? 한국의 모 일간지와 나눈 대담에서 그는 "관객에게 판단을 맡기겠다"고 말했다. 그러나 올리버는 영화 개봉 전후로 미국 언론과의 대담에서 "정치적인 목적으로 제작한 것은 아니지만 이 영화를 통해 오바마 대통령이 스노든에게 관대한 처분을 내리기를 희망한다"고 밝힌 바 있다. 또한 〈스노든〉의 마지막 장면에 등장하는 실제 스노든을 통해 이러한 염원을 더욱 분명하게 강조했다.

한편 〈스노든〉보다 1년 앞서 개봉한 로라 포이트러스^{Laura Poitras}의 〈시티즌포^{Citizenfour}〉는 극 영화가 아닌 사실 영화로서 스노든의 양심 선언 과정과 그 이후 행적을 반영한 작품이다. 〈스노든〉 시작 부분에서 주인공이 두 명의 남녀와 접선하는 장면이 나온다. 거기에 있던 여자가 바로 로라 포이트러스다.

아울러 〈스노든〉과 같은 해에 개봉한 알렉스 기브니^{Alex Gibney}의 〈제로 데이즈^{Zero Days}〉라는 기록 영화는 스턱스넷^{stuxnet}을 주제로 한 작품이다.

〈스노든〉에서와 같이 국가 안보와 사생활 보호라는 대립적 가치를 주제로 한 작품으로는 1998년에 개봉한 토니 스콧^{Tony Scott}의 〈에너미 오브 스테이트^{Enemy of the State}〉라는 작품이 있다. 이 영화를 통해 그동안 장막에 가려졌던 NSA를 전면에 부각시켰을 뿐만 아니라 통화 내역 조회 · 인공 위성 · 각종 전자 장비 등을 이용한 추격 장면은 개봉 당시 관객들에게 많은 충격을 주기도 했다.

사이버 보안 입문자를 위한 학습 조언

해킹 대상이 전산 시스템인 만큼 전산 시스템 전반을 학습할 필요가 있다. 전산 시스템에서 가장 하위 계층에 속하는 분야가 TCP/IP 이론이다. 필자가 TCP/IP 이론을 보안 학습의 출발점으로 간주하는 이유다. 필자의 저서 『해킹 입문자를 위한 TCP/IP 이론과 보안』(에이콘, 2016)은 이런 점을 염두에 두고 집필했다.

TCP/IP 네트워크 기반으로 서버와 클라이언트를 구축할 수 있다. 따라서 TCP/IP 네트워크 분야를 이해했다면 운영 체제, 그 중에서도 서버 운영 체제에 대한 학습이 필요하다. 서버 운영 체제로서 데비안 운영 체제를 강력하게 추천한다. 데비안은 우분투의 모태를 이루는 운영 체제이기도 하지만 칼리의 기반이기도 하다. 데비안 운영 체제를 통해 TCP/IP 응용 계층에 속하는 주요한 서비스를 설치하고 설정하는 과정에서 운영 체제의 다양한 명령어와 기능뿐 아니라 해당 서비스에서 요구하는 다양한 보안 설정 내용을 익힐 수 있다. 필자의 공저 『칼리 리눅스의 원조 데비안 리눅스 활용과 보안』(에이콘, 2017)은 이런 점을 염두에 두고 집필했다.

응용 서비스 중에서도 특히 웹 서비스에 대해 심도 깊은 학습을 권장한다. 웹을 통해 HTML과 CSS는 물론 자바스크립트 언어와 PHP 언어 등을 학습하는 과정에서 사이버 보안을 더욱 깊게 이해할 수 있다.

다음으로 MY-SQL 등과 같은 DBMS에 대한 학습을 권하고자 한다. 왜냐하면 전산 시스템을 구축하는 절대적 이유이면서 동시에 공격자들이 궁극적으로 획득하고자 하는 정보를 DBMS에 저장하기 때문이다. 따라서 DBMS의 속성과 취약점 등을 자세히 분석할 필요가 있다.

사실 TCP/IP 이론과 서버 운영 체제 그리고 DBMS는 해커를 희망하는 사람에게는 교양 과목과도 같은 분야다. 그런 만큼 해킹에 입문하고자 하는 사람이라면 TCP/IP

이론부터 단계적으로 밟고 올라온다면 소기의 성과를 이룰 수 있다고 확신한다.

또한 컴퓨터 언어 한 가지 이상은 꼭 익혀두기 바란다. 개발자가 아닌 이상 사이버 보안을 수행하면서 컴퓨터 언어가 결정적인 것은 아니지만 필요한 도구임에는 분명한 사실이다. 개인적으로는 **파이썬** 언어를 강력히 추천한다. 파이썬 언어는 연습을 위한 목검의 속성과 실전을 위한 진검의 속성 모두를 가진 탁월한 언어다. 필자의 저서 『**소켓 개발 입문자를 위한 백박스 기반의 파이썬 2.7**』(에이콘, 2016) 등은 이런 점을 염두에 두고 집필했다. 파이썬 언어가 부담스럽다면 웹 분야를 통해 접한 자바스크립트나 PHP 등과 같은 언어만이라도 꾸준하게 익히기 바란다.

이러한 기본기를 어느 정도 체득했다면 이제 자신에게 가장 적합한 분야가 무엇인지 고민하기 바란다. 전산학에도 다양한 분야가 있는 것과 마찬가지로 정보 보호학에도 다양한 분야가 있다. 개인적으로는 모의 침투와 사회 공학에 많은 관심을 기울이고 있다. 필자의 저서 『**칼리 리눅스 입문자를 위한 메타스플로잇 중심의 모의 침투 2/e**』(에이콘, 2017)와 『**백박스 리눅스를 활용한 모의 침투**』(에이콘, 2017)는 이런 점을 염두에 두고 집필했다.

끝으로 해킹 기법을 배우면서 **올바른 국가 가치관**도 확립해 주기 바란다. 최근 해킹은 단순히 사이버 공간의 문제로만 끝나는 것이 아니다. 미국은 이미 오래 전부터 사이버 공간을 주요 전장으로 설정했다. 사이버 기술이 국가 질서의 붕괴로 이어질 수 있다는 현실을 반영한 조치다.

단재 신채호申采浩 선생은 '**역사와 애국심(1908)**'이란 기사를 통해 역사란 애국심의 원천이라고 했다. 이제 사이버 기술은 사회 안전의 원천이라고 감히 말하고 싶다. 북한의 대남 사이버 공격이 빈번하게 일어나는 작금의 현실에서 사이버 역량은 단순히 지적 탐구 영역에 머무는 것이 아니라 국가 방위 수단으로까지 작용하기 때문이다.

아무쪼록 해킹이라는 멋진 기술을 자신의 소중한 지적 재산을 보호하면서 사회 공동체 발전을 위해 올바르게 사용할 수 있기를 진심으로 기원한다.

| 찾아보기 |

에이콘출판의 기틀을 마련하신 故 정완재 선생님 (1935-2004)

해커의 언어 파이썬 3 입문

보안 분야에 가장 필요한 파이썬 3 문법 체계

발 행 | 2018년 3월 19일

지은이 | 오 동 진

펴낸이 | 권 성 준
편집장 | 황 영 주
편 집 | 이 지 은
디자인 | 박 주 란

에이콘출판주식회사
서울특별시 양천구 국회대로 287 (목동)
전화 02-2653-7600, 팩스 02-2653-0433
www.acornpub.co.kr / editor@acornpub.co.kr

한국어판 ⓒ 에이콘출판주식회사, 2018, Printed in Korea.
ISBN 979-11-6175-134-4
ISBN 978-89-6077-104-8 (세트)
http://www.acornpub.co.kr/book/python3-for-hacker

이 도서의 국립중앙도서관 출판시도서목록(CIP)은 서지정보유통지원시스템 홈페이지(http://seoji.nl.go.kr)와
국가자료공동목록시스템(http://www.nl.go.kr/kolisnet)에서 이용하실 수 있습니다.(CIP제어번호: CIP2018007769)

책값은 뒤표지에 있습니다.